もっと知りたい埼玉のひと

下總 皖一

「野菊」「たなばたさま」などの作曲家

中島 睦雄 著

「野菊」の直筆楽譜。下總皖一の几帳面な性格がみてとれる

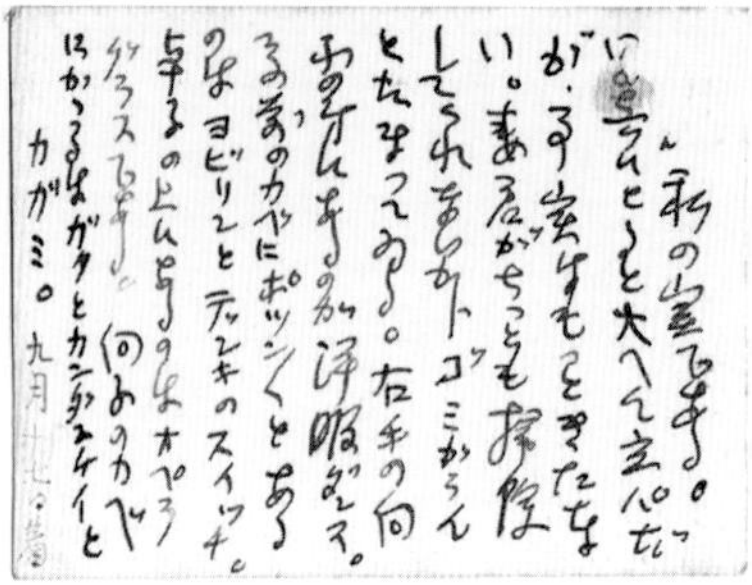

下總皖一が下宿していた部屋。写真裏には「大へん立パだが、その実はもっときたない。妻君がちっとも掃除してくれないからゴミがうんとたまっている」などと書き記している。

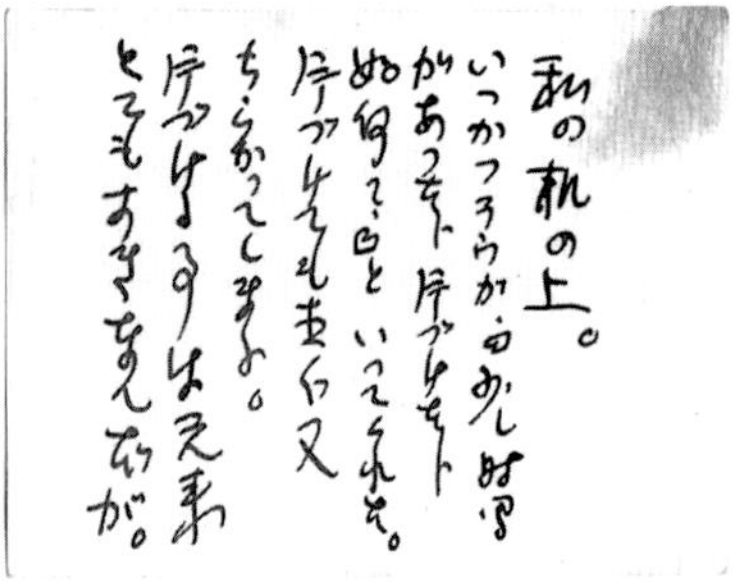

下總皖一の机。「いつかフラウが『少し時間があったら片づけたら如何？』といってくれた。片づけても直ぐ又ちらかってしまふ」とある。

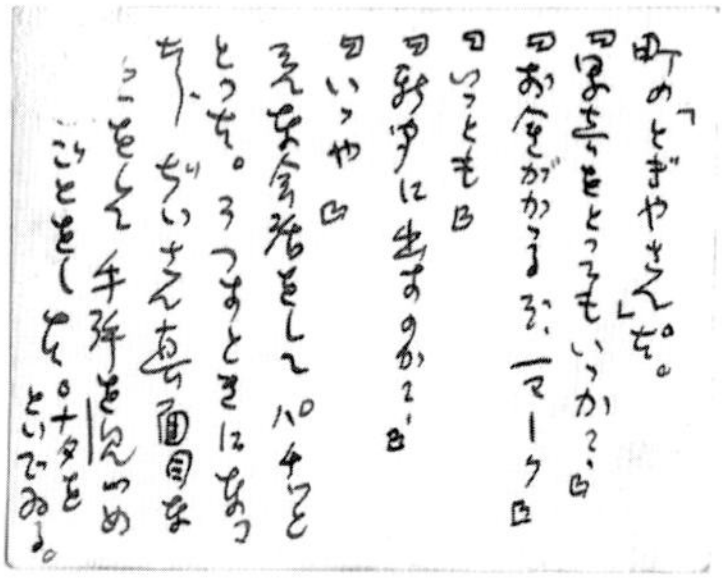

町でみかけた「研ぎ屋のおじいさん」。ナタを研いでいるおじいさんとの軽妙な会話。「写真をとってもいいか？」「お金がかかるぞ、1マーク」「いいとも」……。

ドイツ時代

ドイツ留学時代の生活。アルバムに貼られた各写真の裏にはびっしりとメモ書きが残されていた。当時の下總皖一の暮らしぶりや関心事がわかり、貴重な資料となっている。

下總皖一　恩師とともに

ヒンデミット教授

ドイツ留学時代の下總皖一

ヒンデミット教授を囲んで

信時潔先生（中央）と下總皖一（左）

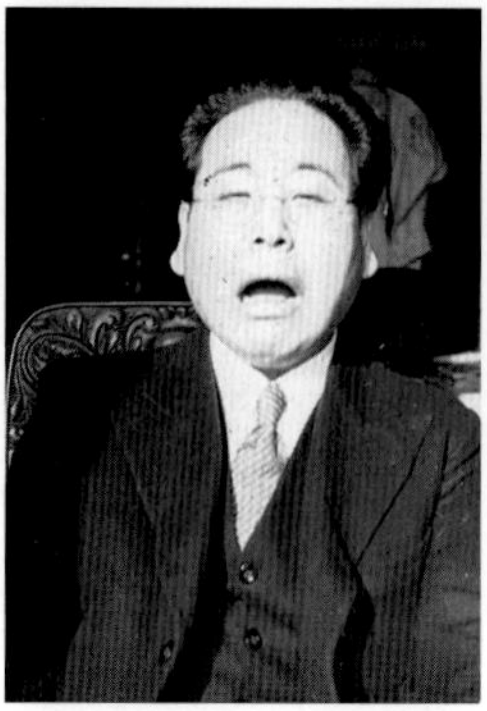

ドイツ留学時代の下總晥一

下總晥一の素顔

アルバムでは左の写真から矢印を伸ばして、ヘン顔をする自分の写真を２頁にわたり並べている。晥一にはこうしたひょうきんな一面があった。「顔の幅に注意すべし」などとも書いている。

もくじ

はじめに

私たちが子どもの頃によく歌った唱歌に『たなばたさま』『はなび』『電車ごっこ』などがありますが、これらを作曲したのが下總皖一です。

唱歌は、明治十二年（一八七九）に文部省が音楽取調掛（のちの東京音楽学校）を創設して、小学校の教科書に載せる歌を編集したところから歴史が始まります。最初は『蝶々』『蛍の光』『仰げば尊し』など外国の曲に歌詞をつけたものでしたが、瀧廉太郎など日本の作曲家の曲も増え、多くの作曲家によりつくられてきました。童謡に比べて唱歌は道徳的な歌詞が多いといわれますが、日本人の心に響く素晴らしい曲が多くみられます。

下總皖一は、昭和三十七年（一九六二）に六十四歳で亡くなるまでの三十八年の間に著作権登録されたものだけで千二百余曲をつくっています。その中には優れた管弦楽曲、舞曲、ピアノ曲などが含まれ、編曲に至っては百二十七曲に及んでいます。さらに県歌、市歌のほか五百余にのぼる校歌があり、埼玉県内の校歌だけでも百五十余に至っています。

加えて、下總皖一は作曲家としての一面だけでなく、ドイツ留学で学んだ西洋音楽の理論を日本音楽に採り入れた先駆者でもあり、また、新潟県など四つの県師範学校や母校の東京音楽学校（後の東京藝術大学）で教鞭を執り、多くの作曲家を育てた教育者でもありました。

そんな下總皖一について、かつて大利根町（現・加須市）時代に、子ども向けには『野菊のように　下總皖一の生涯』、大人向けには『利根のほとりに　エピソード　下總皖一』（Ⅰ～Ⅲ）という四冊の本を上梓しました。

このたび、加須市の了解をいただき、人間・下總皖一を知ってもらうために生誕百二十周年の記念として、それぞれの本を整理して一冊の本にまとめた次第です。

下總皖一を偲ぶ会 会長　中島　睦雄

（注）本書では下總皖一を、改名するまで本名の「覺三」とし、「❻覺三から皖一へ」から「皖一」とします。なお、敬称は略させていただきました。

❶ 利根川のほとりで

下總皖一は、明治三十一年（一八九八）三月三十一日、原道村砂原（現在の加須市砂原）で、父・吉之丞、母・ふさの次男として生まれました。本名は覺三といい、上に姉のかねと兄の好昌の二人がおり、覺三が生まれて二年後には弟の徳三郎が生まれて四人兄弟で育ちました。覺三の家は、父が隣町の栗橋尋常高等小学校で教員をしており、母と祖母はうどんを作って卸す仕事と農業をしていました。

覺三が生まれた原道村は、埼玉県の北東部・利根川の恵みを受けて広がる田園地帯の一角で、覺三（後の皖一）は六十四歳の生涯の中で、十四歳までの少年期をこの田園地帯で過ごしました。豊かな自然の恵みと、父親の文学好きの血筋を受け継いで、多感な少年時代を送りました。覺三が少年期を過ごした家は、現在は別の人が住んでいますが、防風林に囲まれた広い屋敷でしたので、柿、みかん、桃、びわ、りんご、青木、椎、樫の木、桐、欅などの樹木の葉音を聞きながら季節を知り、秋の稔りを体験して育ちました。

「いちばん好きな時季は初夏の五月六月。若葉の色、ほのかな暑さ。一枚一枚着物を減らす快さ。草の上に寝ころべるし、美味しい苺の味」

と、清少納言の枕草子を思わせる簡潔でリ

ズム感のある歯切れの良いこの文章は、下總皖一が四十二歳、東京音楽学校の教授時代に書いた随筆の冒頭の部分です。さらに、

「私の思い出は利根川畔の一寒村、十四の年までの田園の生活である。田植、養蚕の桑摘み、桑の実の色、色づく麦畑。次々に、つつじ、あやめ、桐の花、菖蒲の咲く堀で釣る稚魚、どじょうが針にかかった時のあわただしさ、夜も蛙の鳴く声、夜空を過ぎる五位鷺、蛍、ひでりで田に水のない時は田の隅に長い竿で井戸を掘る。子供も真似して掘るとやがてもくもくと水のわくうれしさ、河原には葦の繁み、ケケシ、ケケシとしきりに鳴くよしきり。・・」

と、少年時代の思い出は延々と続きます。

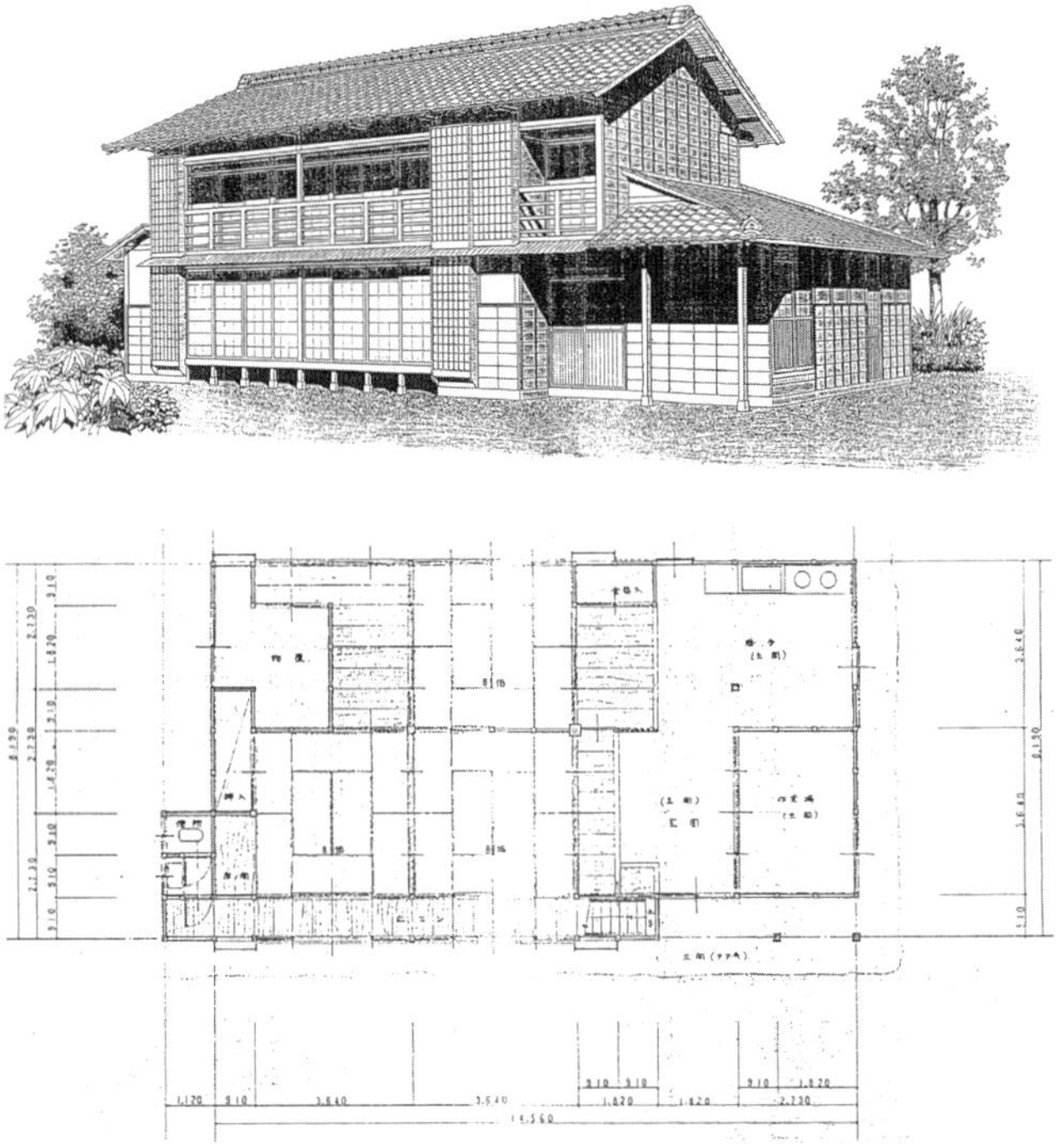

下總皖一が幼少期を過ごした家の復元図（上）と1階平面図（下）

○**五位鷺**　全長58cmくらい。頭と背が緑黒色、翼は灰色、顔から腹は白く、頭に2本の飾り羽がある。

原道小学校に立つ下總晥一少年像（中島睦雄作）

小学校に入ると、覺三には、近所の子たちだけでなくたくさんの友だちができました。そして学校から帰ると、廊下にカバンを放り投げてよく遊びに出かけました。

春になると、近所の農家の人たちが早くも畔付けをしています。辺りには、猫柳の銀色の小さい芽が風に揺られて光っています。小川の辺りには黄色いタンポポが咲いています。まだ少し冷たい水の中には、ゼリーの固まりの中に小さな黒いつぶつぶのある蛙の卵がゆらゆら揺れています。覺三は友だちと一緒にズボンをめくって水の中に入り、蛙の卵を掬おうとして、つるっと足を滑らせ水の中にひっくり返ったりしました。やっとの思いで這い出してみると、ズボンも服もびしょ濡れでした。大急ぎで家に戻り、母親に見つからないように自分でこっそり洗って物干し竿に掛けたこともありました。春とはいえ思わず身震いをして歯をガチガチと鳴らす覺三でした。

覺三の家の近くに砂山という所があり、そこは昔、利根川の土手の辺りだったようで小高い丘になっていました。全体が砂地で、丘の上には松がたくさん生えています。覺三たちは、この砂山に行くのが好きでした。近くの畑で大きな芋の葉っぱを二、三枚取ってきて重ね、その上に腰を下ろして砂山を滑り下りるのです。砂まみれになりながらも時間を忘れて遊びました。また時には笛作りもしました。竹やぶで少し太めの篠竹の一番すらっとした所を切り取り、端のほうに一つだけ節を残して切り落とします。節に近い方にまず錐で穴を開け、この穴をナイフで丁寧に削り、そこを吹きます。少し音が出てきたら、その反対側から一つ二つと穴を開けていくと少しずつ違う音が出るのです。この笛作りは、覺三にとって大好きな遊びでした。

時には用水に小舟を浮かべて、菱の葉を引っ張り、はるか下の根の先に付いている棘のある実を取って食べたりもしました。砂山では砂の中に長く繋がった白い芝の根を丁寧に掘り出し、砂を落として口に入れ、しゃぶると甘い味が口いっぱいに広がっていくのを感じました。田舎の自然の素材に恵まれ、それらを細かく観察し、全身で触れ、楽しみながら対象を凝視し、植物や動物の本質を捉えようとする少年期が豊かな感性を育てました。このような自然の中で遊んだ思い出は、後に覺三の音楽の心の原点となったのです。

後に、『下總先生のこと』を記した作曲家・山中二郎氏が、

「遠い山から吹いてくる
　小寒い風にゆれながら
　　気高く清く匂う花……
この歌の清純可憐な、清楚にして純朴な匂いこそ、われらが覺三下總少年の匂いだと思われる」

と評したように、自然の清らかさに溢れた少年でした。

❷ 魅惑のオルガンの音

覺三が通っていた原道の尋常小学校には、校長先生と五人の担任の先生がいました。一年生から四年生まではそれぞれ一クラスでしたが、五年と六年と高等科の生徒は同じ教室で勉強していました。

この学校には、たった一台、ベビーオルガンがありました。小さなオルガンでしたので、唱歌の時間（音楽の時間）には、生徒たちが自分たちの教室に運んできて使うのでした。先生は、学校中に聞こえるほどの大きな声で歌って教えました。しかし、覺三たちはオルガンを弾くことは許されませんでした。学校に一台しかない大切なものだったからです。でも覺三は、先生の指の先から美しい音の出るオルガンを、一度自分で思う存分に弾いてみたくてたまりませんでした。

ところが、覺三が明治四十三年（一九一〇）、十二歳で原道の尋常小学校を卒業して、父親が勤めている栗橋町の栗橋尋常高等小学校高等科の生徒になった時、思いもかけずに独りでオルガンを弾くチャンスが巡ってきたのでした。覺三の父親である吉之丞は、当時この学校の校長でした。栗橋町で祭りがあった時に、学校の用務員さんが覺三と祖母を祭りに呼んでくれたのです。

二人は祭りを見に行ったあと学校に戻って

くると、用務員さんの隣の部屋に泊めてもらうことになりました。

　用務員さんは、その夜、覺三をオルガンのある教室へ連れていってくれました。そして、普段は一切生徒に触らせることのないオルガンを、覺三が独りで自由に弾くことをこっそりと認めてくれたのです。踏板の針金の見える小さなベビーオルガンでしたが、覺三は初めて自分の手でオルガンを弾いたのでした。何ともいえない美しい音が夜のガランとした校舎の中に響き渡り、もちろんすらすらと弾くことはできませんが、右手だけで音を探りながら弾く時、オルガンに触れる喜び、弾く楽しさで胸がいっぱいになり、覺三はいつまでも弾き続けました。

　その後、覺三は師範学校の上級生になってから、初めてピアノに触れるのですが、あの日のベビーオルガンとの出会いの方が遥かに感動的であり、音楽家としての生涯を決める「音の美しさ」に惹かれたのでした。

　覺三が音楽の道に入っていったのは、この時が出発点だったのかもしれません。けれども、当時はそのことにはまだ気づいてはいませんでした。

　栗橋尋常高等小学校高等科は二年間で卒業するのですが、何としても家から遠く一里半（およそ六キロ）あり、覺三にとってはとても遠く感じられました。家を出て学校への道程の半分以上が利根川に沿った道でした。両側に田んぼや畑が続いていて、ほとんど家もない状態でしたから余計に遠く感じられたのかもしれません。

　『歌ごよみ』に当時の様子があります。

「私は小学校の卒業証書を三枚持っている。

その当時の小学校は、尋常科が四年で義務制、高等科も四年であったが、私が尋常科を卒業した年に学制が改まって、尋常科が六年の義務制となったために、又卒業証書を貰ったわけである。高等科は二年だったけれど、私の村の者は大抵隣り村か、隣り村を一つ越えた、小さな町の高等科へはいったり、もっと気のきいた者は、三里ほどはなれた私立の中学校へ進んでいったりしてしまった。（中略）。

私はその村の学校には六年までしか行かなかった。そして隣り村を一つ越えた小さな町の学校へ二年間通った。その学校は、私の父が平教員から校長まで通して、三十年も勤めた学校だったので、私の姉も兄も私も高等科になると毎日一里半の道を歩いて、通ったのである。夏は朝七時半始めとなるが、その始業時間に間にあわせるにはどうしても五時前に起きなければならなかった。その学校の所在地は、昔徳川時代から利根川べりに設けられた日光街道の一つの関所のあったところで、旅人はその宿場で一夜もしくは数夜の滞在を余儀なくされる事もあった。その関所のあった当時の馬の宿舎を直したのが私たちが通った学校の校舎である」

覺三は、夏の暑い日、雨が降っている時もたいていは裸足で歩きました。冬の雨や霜の降りた日、なかでも雪の後の道は大変でした。下駄の歯の間に雪がたくさんくっついてしまい、転げそうになったことも度々ありました。そんな時は、道端の石に下駄を叩きつけたり、木の棒で雪を落として歩きました。

冬の風は猛烈で、覺三の帰り道、真正面に見える赤城山からは風が吹きつけました。夕方になると決まって吹き出す関東の空っ風で

○**歌ごよみ**　下總皖一が昭和29年（1954）に出版した随筆集。

a

b

下總皖一が育った家（a：南側前方より見る、b：北側より見る）

す。冷たく、痛いような風ですが、覺三はじっと寒さに堪えて歩きました。黙って独りで我慢して歩き続けました。もし友だちと一緒だったら、どんなに心強かったかもしれません。泣きたくなってしまったこともありました。

けれども、歩き続けているうちに、いつかは自分の家に着くのでした。家に帰り着けないということは、絶対にありませんでした。

覺三は、この二年間の通学体験を通じて、じっと苦しみに堪えて努力することで、目的が達せられることをしっかりと身につけたのです。

❸ 自分のリズムをつかむ

明治四十五年（一九一二）、十四歳を迎えた覺三は、栗橋尋常高等小学校高等科を卒業しました。そして、父のような学校の先生になりたいと四月には浦和（現・さいたま市）にある埼玉師範学校（現・埼玉大学）に入学し、寄宿舎から通いました。

師範学校は、主として小学校の先生になる人を教育する所でしたから、いろいろな科目を幅広く勉強するとともに、普段の生活の面でも規則の面でも大変厳しく指導されました。

この頃から、覺三の興味は、音楽の方に傾いていきました。栗橋尋常高等小学校の校舎の中に思う存分響き渡らせたあのオルガンの音の美しさを忘れることができなかったのです。それは成績にも表れていて、音楽はずっと「甲」という一番良い成績を取り続けていました。

皖一が五十六歳で綴った『歌ごよみ』にべビーオルガンを弾く喜びとピアノへの戸惑いが綴られています。

「ある時県の師範学校の卒業間際の人たちが三、四十人参観に見えた事があった。その参観人たちが私たちの授業を参観しながらいっしょに唱歌を歌ってくれた事が私はとてもうれしかった。そして翌年、私はその師範の生徒となったが、オルガンはいじらせてもらえ

○**師範学校**　教員を養成する学校であり、戦前の日本に存在した教員養成機関の一つ。師範学校は、卒業後教職に就くことを前提に授業料がかからないのみならず生活も保障されたので、優秀でも貧しい家の子弟に対する救済策の役割も果たしていた。明治5年（1872）－昭和27年（1952）まで。

なかった。ちょっといじって上級生から手ひどく叱られた。やむなく、冬休み、夏休みに小学校へ行ってベビーオルガンを鳴らしてはひそかに喜んだ。やがて一年生が終わり、二年生を過ぎて、三年になった時、漸く楽器使用が許された。私はむさぼるようにオルガンを鳴らした。右の手と左の手と違う動きをするのが実に難しかったが、それも過ぎて片手だけで二つの音や三つの音を同時に出す魔術師のように思えた事も、だんだん自分で出来るようになると、もううれしくてたまらなかった。そして上手に伴奏を弾いて歌わせて

下總皖一が栗橋尋常高等小学校時代に使っていた机（加須市蔵）

大人になった下總皖一が愛用したピアノ（加須市蔵）

くれた小学校の時の先生は、よくもあんな小さいベビーオルガンでやったものだと今更感じさせられた。

私は師範学校に入るまで、ピアノの形を見た事がなかった。町には株でもうけたという人の家にたった一台あったようだが、その人の家から時々ぽんぽん音が聞こえただけで、私はどんな楽器か全然知らなかった。師範学校に入って、はじめてピアノというものの形を見せて貰い、音を聞かせて貰ったけれど、自分の手で鳴らすなどという事は夢にも思えない。（中略）。私自身も上級生になり、ピアノも許されるようになった時でも、お祭りの夜ベビーオルガンを鳴らした喜びにはとうてい比ぶべくもなかった」

と、心境を綴っています。

こうして覺三は、埼玉師範学校の高学年になって初めてピアノに出会いました。オルガンは弾き慣れていましたが、ピアノを初めて弾くことになったのです。オルガンに代わってピアノの練習が始まりましたが、いくら練習しても、さっぱり上達しません。

しかし、苦しい時は、栗橋尋常高等小学校からの帰りに利根川沿いの長い道を西風に向かって独りで歩き続けたことを思い出し、あの時と同じように頑張ればいつか必ず出口が見えてくるはずだと、自分を励ましました。

そのうちに、努力の甲斐があってピアノもだんだん上手く弾くことができるようになりました。そして、上達すればするほど、興味も増してきて、次第に美しい曲が弾けるようになると、覺三は夢中でピアノを弾きました。毎日毎日熱心に弾いたのです。

師範学校の体育の時間には、いつも駆け足

をさせられました。一週間に五時間か六時間ある体育の時間に決まって駆け足がありました。時には浦和から大宮まで駆け足で往復するのでした。また、一年に一回、全校マラソン大会が行われ、十キロくらい走らなければなりませんでした。

この頃の覺三は、身長のわりに体重が重く、長い距離を走るのは苦手でした。そこで、自分の体に合った走り方を工夫しなければなりませんでした。足の速い人たちはどんどん先を走っていきますが、覺三は決して焦らないことにしました。かといって怠けたりはしないのです。つまり自分に合ったリズムで走っていくのです。坂を上がる時、下る時、疲れてきた時など、少しずつゆっくり走ったり、歩幅を狭くしたりしながら走っていくのです。こんなふうに走っていくと、もちろん優勝はしないけれども決してビリにはならなかったのです。

覺三は、このやり方を音楽の勉強にも応用しました。好きな音楽であっても、ピアノの練習など辛い時もありました。毎日毎日練習していると背中がこわばってきて、肩や腕が痛くなって鍵盤を叩くこともできなくなることがありました。そんな時には、ちょうどマラソンの時と同じように、速く進む人にはどんどん先に行ってもらって、自分は自分で、じっくりと自分に合ったやり方と速さで、怠けずに勉強を続けていったのでした。

そうした努力の結果、大正六年（一九一七）三月、十九歳になった覺三は、埼玉師範学校本科一部を卒業し、翌四月には東京音楽学校に入学することができました。

❹ 上野の杜で学ぶ

大正六年（一九一七）四月、上野公園の満開の桜は葉桜に変わろうとしていました。公園の奥の右側にある東京音楽学校の正門に、覺三は立っていました。今まで懸命に勉強してきた甲斐があって、憧れの東京音楽学校に入学が許されたのでした。

新入生らしい人もたくさんいました。みんなこれから同級生として、一緒に勉強していく友だちになるのです。しかし、それらの人たちがいずれも優秀な人たちに見えて、覺三は自分が一番だめな人間ではないか、ピアノやその他の勉強でも、友だちについていけるだろうか、と心配でなりませんでした。

音楽学校の校舎の周りには、背の高い木や松の木などが何本もそびえ立っていました。覺三はその大きな木々を見上げているうちに、子どもの頃に遊んだ砂山の松の木を思い出しました。そして、大空に広がる松の緑の葉のざわめきの中から、いつの間にか力が湧いてくるように感じました。

「よし、しっかり勉強するぞ、頑張ってみよう」と心に誓いました。ふる里の砂山の松も、雄大な利根川も、そこを吹き渡る風さえも、みんな覺三を応援してくれているように思えたのです。

東京音楽学校に入学した覺三は、浅草にい

◯**東京音楽学校**　明治20年（1887）、東京府下谷区に設立された官立（唯一）の音楽専門学校。昭和27年（1952）3月の卒業生を最後に廃止となり、新制東京藝術大学音楽学部に移行する。

るおじさんの家から歩いて学校に通いました。決して短い距離ではありませんが、小学校の時に砂原から栗橋まで歩いたことを思えば、ちっとも苦しくはありませんでした。大都会の真ん中を通り抜けて上野公園に入ると、溢れるような緑の木々がこんもりと茂っています。桜や楠、欅などのトンネルの中を通りぬけて学校に入ります。覺三が学校に着くと、どこからかトランペットの音やピアノの音が聞こえてくるのです。それは、朝早くから誰かが練習しているものでした。流れるような音が急に止まって、同じところを繰り返し練習していました。覺三は、こんなに熱心な人が何人も何人もいることにびっくりするとともに、ぼんやりしているとどんどん遅れてしまいそうだと気づいたのでした。覺三に新しい力が湧いてきました。

一年も経つと、覺三もすっかり学校に慣れ、友だちもできました。勉強も初めは急に難しくなったように感じたものが少しずつわかるようになってきて、最初の不安も次第に消えていきました。覺三が本気で音楽に取り組むようになった時期は、他の人と比べてかなり遅かったのですが、少しずつ休まず勉強をしていくうちに、友だちに追いついていけるようになりました。あまり焦らないで、じっくりと丁寧に自分で納得できるまで、粘り強く勉強を続けたのです。

ある日、覺三が学校の奏楽堂（東京音楽学校の音楽堂）の階段の所を通ると、二階から下りてきた真篠俊雄先生に呼び止められました。

「下總君、ちょっと」

覺三はびっくりして立ち止まりました。何

◯**真篠俊雄（ましの としお）** 明治26年（1893）－昭和54年（1979）。明治44年3月東京音楽学校乙種師範科卒。東京音楽学校教員（大正6年－昭和27年）。大正7年、私立成城小学校教員。オルガン奏者。群馬県出身。

かまずいことでもしてしまったのかもしれないと、一瞬慌てました。すると先生は続けて、

「君は、入学した頃はあまり目立たなかったけれど、最近しっかり勉強しているようだね。努力するも者は必ず伸びる。まあ、頑張りたまえ」

　覺三は目を丸くするとともに、自分では友だちに遅れまいという気持ちで頑張ってきたことが先生に認められ、これまでの勉強の仕方は間違っていなかったのだと自信が湧いてきました。

「そうだ、これからも、じっくりと丁寧に、休まず勉強を続けていこう」

　そう思うのでした。

　先生から言われた「努力する者は必ず伸びる」。この一言が、心の底に深く染みこんだのです。


　覺三は東京音楽学校の三年生の時、大正八年に雑誌『啓明』（創刊号）に下總白桃というペンネームで詩、短歌、小説を発表し、文学青年としての一面を表しています。

　《初夏の町》
わけのわからないうれしさが心に起る
そして躍る
私は思いきつて大きく口笛をふきながら
初夏の町をあるいてゐる
子供の声
羅宇屋の笛
豆腐屋のらつぱ
石にすれる下駄の音
道に撒いて行く水の音
何もかも
足どりはあはしながら歌ふ私の伴奏だ
何といふうれしさだろう（後略）

自分が学んだ音楽学校で、教授として卒業生を送り出す（昭和27年2月）

音の全てが私の伴奏だという、初夏のうきうきとした感情、楽しさを表現した、率直な青春の歌そのものの詩です。

「随筆を書いたり、歌をつくったり、一日中手から鉛筆を離すことがなかった」と、友人で一級下の小出浩平氏が語っているように、あらゆるものに筆を染めたほど、筆まめな人でした。しかも鋭い観察眼をもって、几帳面な性格を、五線譜の上に感動を躍らす詩人でもありました。また、『啓明』（第二号）の《感想いろいろ》と題した文章では、オペラ、音楽学校、短歌、長詩、美術、ストライキと六分野のことが述べられていて、覺三が音楽以外の事柄にも強い関心を寄せていたことが窺われます。

◯**小出浩平（こいで　こうへい）**　明治30年（1897）－昭和61年（1986）。新潟県出身、東京音楽学校甲師科（大正10年）卒、昭和12年学習院教授、39年東邦音大教授などを歴任。初等音楽教育の指導者。

❺ 音楽学校の一番が何になる

覺三が東京音楽学校で学んだのは、大正六年（一九一七）から大正九年までの三年間でした。この時代は、日本中に新しい自由な風の吹いていた時代でした。

音楽学校で熱心に勉強した覺三は、卒業の時には一番の成績でした。これは覺三自身が思ってもみなかったことでした。記念奨学賞という賞もいただきました。

覺三が初めて小さなオルガンを弾いて、誰もいない夜の教室に美しい音を響かせた時から十年も経っていなかったのです。

東京音楽学校を卒業した覺三は、音楽の先生としていくつかの学校へ次々と赴任を命じられました。新潟県長岡女子師範学校を皮切りに、秋田県立高等女学校と秋田県立師範学校付属小学校、岩手県師範学校、栃木県師範学校、私立成城小学校、東京女子高等師範学校に転ずるまで、八年間にわたって地方の学校教師として熱心に教えました。

最初に赴任した新潟県長岡女子師範学校の思い出について、『歌ごよみ』では次のように綴っています。

「私は音楽学校を卒業すると直ぐN市の女子師範の音楽の先生となって赴任した。何という遠い所へ来たものであろうと思ってとても寂しかった。上野駅をその前の夜に発って十数時間の後に着いたN市の学校に行くと、疲れたでしょうからと宿直室に床をのべて休まされた。枕に頭をのせると、ぽろぽろと涙が流れる。

然し、直ぐそこの女生徒たちと友達になってしまった。その学校の先生たちは年寄の人たちばかりであったから、若い私が珍しかったのでもあろう。事実私よりも年上の生徒もあった位である。独身のお婆さん先生などずいぶんはらはらしたらしい。けれど何の頓着もなく、あばれまわり騒ぎ散らして毎日毎日を過ごした。食事も三度寄宿舎で食べ、朝起きると直ぐ寄宿に詰めかけて、夜おそくまで舎監室等で駄弁って帰るという生活であった」

と、生徒たちから先生たちのあだ名を聞いたり、出来事を聞いたりして楽しく過ごした様子が綴られています。

青木赤次郎校長の「三原色」から始まり、ちょろりと髭をはやした漢文の先生は「弁天様」、顔の長いおとなしい博物の先生は「仏様」別名を「男馬」。長い顔の家事の先生が「女馬」。四十五歳になる独身の女舎監は、いつも点呼の時に足を開いて立っているので「がいせん門」。目玉の丸い裁縫の先生は「ポチ」。酒を飲むと面白いアル中の図画の先生は「がんもどき」。色のあくまで黒い理科の先生は「印度のつくだに」。女子高等師範学校を出たばかりのいつもお化粧の若い先生は「お姉ちゃん」。さらに「坊ちゃん」「お兄ちゃん」などと特徴を捉えたあだ名が並んでいます。そして覺三本人は顔も体も丸いので「丸ちゃん」と呼ばれていたと記されています。

そして、覺三が長岡女子師範学校から転任

する告別式では、先生方のあだ名を織り込んだ挨拶をして生徒たちが大騒ぎした様子などが嬉しそうに綴られています。

岩手県に赴任してから、覺三は音楽の演奏活動も積極的に始めました。友だちとピアノ・チェロ・バイオリンのトリオを結成していろいろな場所で演奏会を開き、たくさんの人たちに音楽を聴いてもらいました。もちろん、覺三はピアノを受け持っていました。

そんな岩手県師範学校に勤めていた頃のことです。音楽学校の先輩と一緒にいろいろな仕事をしましたが、ある時、先輩の榊原直氏から厳しく言われました。

「君はもっともっとしっかり勉強しなくちゃあだめだ。音楽学校を一番で卒業したって、そんなものは何にもならないぞ。もっと勉強するんだ。勉強だ！」

この一言には、さすがの覺三も言い返すことができませんでした。そしてこの先輩の金言は、覺三の心の底にずしりと重く響きました。

「そうだ、先輩の言う通りだ、学校でいろいろなことを学んだつもりでも、まだまだ勉強することはたくさんあるんだ。全てはこれからなのだ。もう一度出発点に戻ったつもりで、しっかり勉強しなおそう」

覺三はそう決心したのでした。

こうした自分に厳しい姿勢は授業にも現れたようで、基本姿勢は厳格そのものでした。しかし、時には大きく脱線して楽しいムードをかもし出すこともあったようです。

◯**榊原直（さかきばら　なおし）**　明治27年（1894）－昭和34年（1959）。各地でリサイタルをする一方、多忠亮（バイオリン）、平井保三（チェロ）とともに榊原トリオを結成して活躍。大正15年、東京高等音楽学院創立に参画し、教授として後進の育成に尽力した。

★栃木時代のエピソード★

覺三が栃木県師範学校に勤めていた頃の教え子の一人、鈴木満雄氏の文章です。

「濃紺の背広に金縁眼鏡、淡い空色の縞のワイシャツに落ち着いたガラの紺のネクタイ、鋭く射るような眼差しが、待っている生徒の列の方に時折向けられる。きびしい先生だと思った。入学試験の色盲検査の係官は、下總覺三先生であった。（大正十四年・春）

最初の授業で音楽の先生であることがわかった。第一印象そのままであって、一言も私語を許さない。勿論脇見もできないし、私たち新入生は緊張の連続でなかなか大変であった。読書練習の最中に、一人が脇見をした。先生の措置は『お前はそっちを向くのが好きなのだからずっとそっちを向いていろ』と、彼の頭を両手で強く左へ廻し、正面を向くとピアノ伴奏をやめて何回でも左を向かせた。先生の指導は厳格そのもので、落度は寸毫も仮借しなかった。

一学期のなかば過ぎには授業中に少しは冗談も出てくるし、いろいろな例を示しながらわかり易く楽典の講義があり、時には大きく脱線することさえあって、楽しいひと時もあった。（中略）新進気鋭の実力者・勤勉家・そして非凡な指導力をお持ちの青年教師・下總先生は、本県（栃木県）の音楽教育に新風を吹き込み、活力を与え、やがてそれが、本県音楽教育の源流となったのである」

（栃木県連合教育会編『教育に光を掲げた人びとⅡ』より抜粋）

◯**鈴木満雄（すずき みつお）** 明治43年（1910）－平成13年（2001）。田所村（現・塩谷市）生まれ。大正11年、栃木師範学校入学。真岡女子高等学校を最後に退職。

◯**楽典** 音楽の基礎的な理論のことで、主として、楽譜の読み方、書き方、楽譜からの情報の読み取り方について学習する。

❻ 覺三から皖一へ

覺三は東京音楽学校時代に、声楽を学んでいた飯尾千代子という女性と将来の結婚を約束し、両親も知るところとなっていました。

しかし、覺三が大正九年（一九二〇）四月に長岡女子師範学校に赴任し、若い熱心な教師であったため女生徒たちに大変な人気者になったことを風の便りで知った千代子の母親は、千代子に覺三との交際を考え直すように求めました。

そうしたことを千代子からの手紙で知った覺三は驚いてすぐに返書をしたためました。そこには一文字〝愛〟と自らの血で書き、愛の歌が添えられていました。

そして大正十年一月に、二人は結婚し、長岡に単身赴任していた覺三が九月に秋田県立高等女学校に転任するとともに、秋田で新居を構えました。

千代子は、気立ての優しい美しい人でしたが、体が弱く病気がちでした。覺三はその後、秋田から岩手、栃木とそれぞれ師範学校に転勤しましたから、引っ越しをするたびに、千代子の体にはこたえたと思われます。

千代子の清らかな美しさは東京音楽学校時代から評判でしたが、覺三は体のあまり丈夫でない千代子をいっそう大切にしました。

二人が栃木県にいる頃のことです。病気が

ちの千代子は、自分の名前を変えてみようと思い、いろいろな人に相談した結果「伸枝」という名前に改めました。

覺三の方でもこれをきっかけに、音楽の世界でひときわ輝く存在になりたいと願い、思い切って「皖一」と名前を変えました。覺三が二十六歳（大正十三年）の時です。この皖一の「皖」という字は、明星という意味があり、光り輝く明星のような人間になりたいという願いも、心の奥に秘めていたのかもしれません。

それ以降覺三は、作曲にも本を著すにも、日常生活の中でも、新しい名前の「下總皖一」を使うことにしました。後年になりますが、昭和三十七年（一九六二）七月八日付の叙勲に際しては《正四位に叙する》とあり、ここでは《下總覺三》と本名が記されています。

伸枝と一緒に名前を変えた皖一は、その頃から本格的に作曲の勉強をするようになりました。毎週日曜日になると、当時住んでいた宇都宮から東京国分寺にいる信時潔先生のもとへ通い始めました。信時先生は、皖一が音楽学校の学生であった頃に音楽通論を学んだ先生で深く尊敬する先生でした。

しかし、簡単に師事できたのではなく、皖一が作曲の指導を受けたいと願い出たところ、「自分はそのようなことは一切しない」と断られてしまいます。そこで、再三足を運んで懇願し、やっと教えてもらえるようになったということでした。信時先生はこの頃、ドイツ留学から帰国したばかりでした。

ひと口に宇都宮から国分寺まで通うといっても、現在と当時では交通事情が違いますから、朝五時に宇都宮を出て、国分寺には十一

○**信時潔（のぶとき きよし）** 明治20年（1887）－昭和40年（1965）。大正・昭和時代の作曲家、音楽学者、チェロ奏者。大阪市出身。「海行かば」ほかの作曲者。

時から十二時近くに着くという状態でした。信時先生は皖一以外に弟子をとらなかったので、お昼をご馳走してくださり、その上、二時間も三時間もいろいろと指導してくれたのでした。

皖一は、丸二年間、宇都宮から信時先生のもとへ、自分の作った曲を見ていただくために毎週通ったのです。出かける前には、病気がちな仲枝夫人のために食事を調えていました。決して休まず、決して焦らず、何年も何年もひたむきに努力したのでした。その姿は、まるでマラソンランナーのようでした。

ある時、信時先生は皖一の郷里原道村砂原のことをいろいろと聞くのです。一度行ってみたいということになって、先生を砂原の実家まで案内しました。栗橋駅から一里半以上も田んぼ道を歩いて、砂原の古い家に着きました。冷たい井戸で顔を洗い、きゅうりもみなどを食べ、辺りを散策しました。

信時先生はここが大変気に入って、その後皖一の両親が亡くなって家が無人になっているのを、随分と気に留めていたのでした。信時先生は、砂原のあの静かな環境の中で住んでみたい、そこで思いきり作曲に没頭したいと考えていたのでしょうが、残念ながら実現はしませんでした。

そして、皖一の死後に信時先生は、

「下總君は模範的な勉強家であった。ヒンデミットの手法をわが国に伝える唯一人の指導者であったのに、業なかばにして倒れ、誠に残念」

と、若くして亡くなった弟子を思い出しながら深い悲しみの言葉を残しています。

昭和31年冬　恩師の信時潔先生（中央）と東京藝術大学構内で（右が下總皖一）

❼ 憧れのドイツ留学

大正十三年（一九二四）に、妻・千代子（改め伸枝）と一緒に「覺三」から改名した「皖一」は、昭和二年（一九二七）四月に上京して住まいを東京牛込喜久井町に構え、私立成城小学校（翌年十一月まで）に勤務します。

その後も、昭和三年四月からは、東京女子高等師範学校（現・お茶の水女子大学）講師、私立帝国音楽学校講師（十二月まで）、東京府立第九中学校に勤務し、昭和四年二月からは武蔵野音楽学校講師、昭和六年四月からは私立日本中学校などに勤めながら作曲に没頭するのでした。そんな皖一のところに、昭和七年、文部省からドイツへ留学して新しい音楽を勉強してくるようにと連絡が入りました。憧れのドイツ行きが決まったのです。何しろドイツは、バッハやベートーベン、ブラームスといった大天才の生まれた国であり、皖一の夢は大きく膨らんできました。皖一が三十四歳の時です。

その年の三月二十一日、皖一は鹿島丸という大きな船に乗って日本を出発しました。船は四十日以上もかかって、フランスのマルセイユに着きました。そこから汽車でドイツに入ります。ドイツでは、国立高等音楽学校ホッホシューレの作曲科の試験を受けました。ドイツで難関といわれる試験に見事合格し、入学を許されました。そして、世界的に有名で二十世紀のドイツを代表する作曲家であるパウル・ヒンデミット教授から直接指導を受けることができたのです。

ドイツに渡った皖一は、まず言葉に戸惑いました。少しはドイツ語の勉強をしていきましたが、いざドイツ人と話すとなると、なかなか言葉が通じません。また、気候が日本と違いますし、生活の仕方や食べ物も、建物も違います。重い石を積み上げて造った堂々とした大きな建築物には、圧倒されてしまいました。

しかし、そのようなドイツの文化に触れてみると、もっとドイツのことを知ろうという興味も湧いてきました。日本人の考え方はドイツの人たちとは、どのように違うのか、どんなところが共通しているのか、そして、それはどうしてなのかと皖一は観察していきました。

そのうちに、ドイツでの生活に慣れてきましたが、困ったことも起こりました。お腹の具合がおかしくなってしまったのです。もともと胃腸はあまり丈夫ではありませんでしたが、ちょっとしたことで下痢をしました。気候や食べ物の違いが影響したのかもしれま

恩師ヒンデミット教授

○**パウル・ヒンデミット（Paul Hindemith）** 1895年－1963年。ドイツ・ハーナウ出身の作曲家、指揮者、ヴィオラ奏者。20世紀ドイツを代表する作曲家として同時代の音楽家に強い影響を与えた。また生涯に600曲以上を作曲。

「白鶴とあっても酒にはあらず」などと書かれている
（下總皖一のアルバムより）

せん。

　そのような状態の中でも、学校でヒンデミット教授から丁寧な指導を受ける皖一は、まるで砂漠が水を吸い込むように、どんどん新しい作曲の知識を吸収していきました。脇目も振らずに、無我夢中で勉強しました。

　留学中の皖一の生活の中で、最も静かな時間を過ごすことができたのは自分の部屋にいる時でした。皖一の部屋は五階にあり、朝、目が覚めると明るくなってはいても何の音も聞こえません。壁は厚いし窓は二重になっているので静かなのです。それでも窓を全開にすると、地中のミミズを食べにやってきたのか、庭の茂みに隠れたツグミの鳴き声や、通りを歩く人の靴の音、挨拶をかわす人々や子どもたちの笑い声などが聞こえてきますが、窓を閉めてしまえば、また静かな部屋に戻ります。そこでゆっくりものを考えたり、執筆したり、音楽を聴くのもピアノを弾くのさえ自由にできました。作曲の勉強も、この部屋でコツコツと続けることができました。

　ドイツでの生活にも少しずつ慣れてきますと、いろいろなことがわかってきました。音楽の修行に行ったのですから、あくまでも音楽中心の苦しい生活です。しかし、時には楽しいこともありました。ヒンデミット教授を中心とした仲間たちと、近くの野や山へハイキングに行ったり、ベルリン市内で行われる音楽コンサートに出かけたりもしました。また、ドイツにいる日本の人たちと会って楽しいひと時を過ごすこともありました。

ある日、皖一は電車に乗っていける所まで行ってみることにしました。ところが一時間もすると終点でした。そして、そこから当てもなく歩いていくと、枯れ葉をいっぱい付けた雑木林に出ました。ここは、関東の空っ風のような風がないので、枯れ葉がそのまま枝についているのです。その林の中で二人の男の人が何かうろうろしているのです。見慣れない光景です。二人は、小さな動物を使って穴の中にいる兎を追い出して、所々に網を張って、逃げ出してきた兎を引っかけて捕まえているのでした。風もなく物音のしない静かな林の中で、話もしないでのそりのそりと男たちは動き、一時間以上もがんばって三匹ほどの兎を捕まえました。

子どもの頃の皖一は、川で魚を捕るのは上手でしたが、林の中で兎を捕るのは生まれて初めて見る光景でした。ベルリンの町から遠く離れた雑木林、その静かな林の中にいると、勉強に疲れた皖一の心はいつの間にか解放されたように落ち着くのでした。

窓の外の雪景色（下總皖一のアルバムより）

❽ 世界最高峰のヒンデミットに

「ヒンデミットは、ドイツ人としては実に丈の低い人で、ちょっと見ると子どものような五尺前後の男だ。しかし、顔はいわゆる炯々《けいけい》としたというような鋭い目が、一般のドイツ人のように、眉毛の奥の方に光っている。髪の毛は赤茶で、頭の頂から後ろの方まで禿げ上がっている」。皖一が留学から帰った翌年、昭和十年（一九三五）に発行された音楽雑誌に、恩師パウル・ヒンデミット教授について、このように書き出し、続いていろいろなエピソードを述べています。

「私が初めて彼を見たのは一九三二年九月末、ホッホシューレの入学試験の日である。指揮科と作曲科の志願者が三、四十人ほど。やがて試験官が入ってくると、受験者はガサガサと靴の底で床板をこすった。これは人気のある教授や偉い人に対する学生の歓迎のしるしである」。このようにして始まった筆記試験中、どうかした拍子に視線が合うと、ニコニコと眼と口元だけで笑顔を見せる試験官がいたので、初めて会った人のようでないという印象でした。ことによったらあれが憧れのヒンデミット教授ではないか、と想像していました。やはり、本人だったのです。

筆記試験の二日目に、実技試験が行われました。皖一は自作の曲をピアノで弾いたり、声楽曲の伴奏を弾いたり、夢中で終わらせると、シューネマン校長が「もう十分」と言ってくれ、皖一は希望どおりにヒンデミット教授の教室に入ることができたのでした。

しかし、ドイツでの留学生活がすべて順調だったわけではありません。時には行き詰まってしまい、どうしても新しい曲がつくれなくなったこともありました。

ある日のこと、学校の帰り道、いつものように頭の中で作曲のことを考えながら、夕暮れのベルリンの町を歩いていました。ふと気がつくと、右も左も見慣れない家々ばかりではありませんか。いつの間にか下宿している家の前を通り過ぎてしまっていたのです。あまり作曲に夢中になり、道を間違えていたこともわからなかったのです。

その頃の皖一は、目の前に立ちはだかる石造りの堂々たる建物のように、あまりにも大きなヨーロッパ音楽の壁にぶつかってしまっていたのでした。とうとう前進することができなくなってしまいました。仕方なく皖一は、勉強を途中で止めて日本に帰るしかないとさえ思いました。

「これ以上勉強を続けていてもどうにもならないのではないか。ドイツにいて悩んでいても、日本に帰って悩んでも同じことなのではないか。もちろんヒンデミット教授から学ぶことはいくらでもあるのだが……」

皖一は思い詰めたように頷きました。一つの決心をしたのです。皖一は重い足取りで下宿のおばさんを訪ねました。「おばさん、大変お世話になりました。私はまだ勉強の途中ですが、日本に帰ります。何もかも行き詰まってしまって、全く先が見えなくなりました。

残念でたまりませんが、もう、どうにもならないのです」と告げました。

翌日、皖一はヒンデミット教授に挨拶するために学校に行きました。校門を入った所で立ち止まると、空に向かって堂々と立つ見慣れた校舎がありました。いろいろな思いが皖一の頭の中をよぎりました。

「私は、音楽を志す多くの日本人の中から選ばれてこの学校にやってきた。そして、大きな夢を抱いて夢中で勉強を続けてきたのだが、行き詰まってしまった。もうお仕舞いだ。この学校にもお別れをしなければならない。私はこれからどうしたらいいんだろう。わからない。日本に帰ってゆっくり考え直してみよう。そうすれば、新しい道が拓けるかもしれない。石造りの校舎よさようなら。親切にしてくれた大勢の友だちよ、さようなら」

皖一がうなだれながら、教授の部屋の前に立つと、たまたま中から教授が誰かと話している声が聞こえてきました。「下總は最近、大変良くなってきたが、作曲のことで行き詰まっているようだ。でも、日本にはヨーロッパの油絵と違った墨絵というものがある。あれはきっと作曲のヒントになると思うんだが……」。教授のこの言葉に、皖一は大きな衝撃を受けました。

「そうか墨絵か。私はここドイツに来て、必死に勉強を続けてきたけれど、日本の良さや本当の自分を見失っていたのかもしれない。もう一度日本を、自分自身を見直すことが必要だったのだ」

そう気づいてみると、急に心が晴れ晴れして、希望が湧いてくるのでした。

「そうだ、志半ばで日本に帰るのはやめよう。

ドイツでもう一度、新しい心構えで勉強していこう。ヨーロッパの人には書けない曲を、日本人にしか作れない曲を、日本人の私にしか表現できない曲を作ればいいんだ。よし、がんばるぞ」と、心に決めました。いつの間にか勇気が湧いてくるようでした。そして、

ベルリンのホッホシューレに学んだ時、林間で。
昭和7年頃

薄暗い校舎から一歩外に踏み出してみると、今まで気づかなかった大空は、青々と晴れわたっているのでした。

皖一が留学する数年前のドイツは、第一次世界大戦での敗戦から復興を遂げ、政治も経済も安定し、文化や芸術も世界で最も進んだ国になっていました。しかし、昭和四年にアメリカで起こった大恐慌は世界中に広まり、ドイツはヨーロッパの国々の中で一番に経済が混乱した国になっていたのです。

そうした不安定な社会の中で急速に力をつけてきたのがヒトラーの率いるナチス党でした。皖一がドイツに渡った年には、このナチス党が一番勢力をもった政党となり、皖一が帰国する年にヒトラーは総統の地位に就きました。そのようなドイツ国内の変化を皖一はずっと身近に見ていたのでした。

◯**第一次世界大戦** 1914年7月−1918年11月。フランスなどの連合国とドイツ帝国などの中央同盟国に分かれて戦った。

◯**アドルフ・ヒトラー（Adolf Hitler）** 1889年−1945年。ドイツの政治家。ドイツ国首相、および国家元首であり、国家と一体であるとされたナチス党の指導者。

⑨ 飛んでゆく霊魂

晥一の父母に関する記録は少ないのですが、後年に残した随筆を見ていくと父母に対する愛情の深さを知ることができます。『歌ごよみ』の中の「飛んで行く霊魂」に次のような文章がありました。

「人間の霊魂というのはあるのかないのかわからない。けれども何かしらあるような気がする。私は昭和七年の春ドイツに渡ったのであるが、父は私の出発前から重い病気だった。その後、父・吉之丞の病気は、大手術をした結果良くなってきたので安心するようにという手紙がドイツに届いた」

ところがある時、晥一はどうも心が滅入って淋しくてたまらない日がありました。心がどこか深いところに引っ張り込まれるようで、ただふらふらと歩き回り、宿へ帰っても何もできなかったのです。自分でもわからない精神状態でした。体が疲れているわけではありません。異国の地に一人で暮らしているという寂しさはもちろんありますが、そういうものとも全く別な感じでした。こんな時は、映画のおもしろいものでも見ようか、思いきり美味しい物でも食べようか、そんな気持ちにもなれなかったのです。何だかおかしい、いつもと違う。

すると、兄の好昌から「チチシス、イイオ

ノハハモシス」という電報が入りました。

父親の病状は快方に向かっているから安心するように、という手紙が届いて間もないのに、と思いました。

〝イイオノハハ〟というのは、妻・伸枝の母でした。その母が、病状が悪化して意識が衰えてしまっているのに「これからドイツに挨拶に行ってきます」と言って眠ってしまったということも後で聞きました。

父親の死と義母の信じられないような言葉と、あの淋しくてやり切れない異常なほどの心理状態にあった日とがぴったりと符合するのでした。

「生きている人間の霊というものは、何かの機会には地球の裏側までも飛んでいくのだと、私は信じている」

と、皖一は随筆の結びに書いています。

皖一の父・吉之丞は、栗橋の小学校の校長でしたが、大変几帳面だったようです。残されている記録を見ますと、細かい筆書きのもの・ペン書きのものなど、どの文字を見ても実に丁寧にきれいに書かれ、乱暴な書きなぐり文字には出会いません。

『朝礼教訓録』という和紙の冊子には、明治四十年（一九〇七）頃から、朝礼で子どもたちに話した内容がぎっしりと詰まっています。

◇明治四十年七月十五日

一、規則ヲ守ルベキコト

○始業時間ニ遅レザルコト

○構外ニ出ルベカラザルコト

○雨天ノ際ニオケル休息時間ハ必ズ各自ノ教室ニオイテ静ニ休息シ居ルべシ決シテ廊下ヲ疾走シ机上ヲ駆ケ廻リ机ニ腰カケル等行為アルベカラザルコト

留学中の下總皖一。写真の裏には「大きな銅像の麓に立って写真を撮ろうとしていたら、女が２人来て何だか笑っている様子なので『何だコノヤロー』と振り向いていたら写ってしまった」と書いている（下總皖一のアルバムより）

二、往復途中ニオイテ水泳ヲナスベカラザルコト

三、幟竿マタハ七五三竿等ニ登ルベカラザルコト

このような形で整然と書かれています。また、明治四十一年五月二十七日には日本海大海戦に関する訓話、四十三年九月一日にはハリー彗星の太陽面通過に関して迷信にとらわれないようにとの注意を促しています。生水を飲むな、未熟な梅を食べるな、灯火親しむ候には読書せよなど、朝礼のたびに校長先生が子どもたちに語りかけた記録によって、当時の子どもを取り巻く環境や、日本の内外の様子なども想像することができます。

母・ふさのことを書いたと思われる随筆『蛙の声』というものもあります。

「屋敷のまわりの田んぼでしきりに蛙が鳴いている。老婆のおさくさんは、チビチビと音をさせて、急須からお茶をつぐと、静かに茶碗を口に運んだ。いつもするように一点を見つめて、まぶたを上下からかすかに寄せるようにして、別に目を閉じるでもなく、じっとそのままの姿勢で、ゆっくりお茶をのむ。（中略）。黒い猫がだまっておさくさんのそばに寄って来た。おさくさんは一寸その方を見たが、呼びもしない。猫はおさくさんの単衣ものの膝の上にそっとのぼりかける。前足をそうっと乗せて見て、様子をうかがっていたが、思い切って乗っていった」

これは、昭和二十八年に『音楽世界』という雑誌に寄せた皖一の随筆の冒頭です。

文中のおさくさんは十六歳の時に嫁に来て、夫は二十一歳、師範学校を出て二里ばかり離れた学校に勤めていました。そして、姑も、その母親もいるという家族でした。その後、四人の子どもが生まれ、時が経つと四人とも独立し、一年に一度か二度しか帰ってこない、夫と二人きりの淋しい生活になりました。近所の人たちのように大勢の子どもたちと一緒に仕事もし、一緒に毎日食事をする方がどんなに楽しいことだろうかと思うようになりました。

そのうちに夫も亡くなってしまうと、おさくさんは全くの一人きりになってしまいました。大きい家で黒猫と二人だけ。つくづく淋しくなって夫の後を追って死にたくなったこともありました。

油の乗りきった当時の皖一は、音楽教育の第一人者、作曲家、音楽理論家として大活躍の日々でしたが、常に、ふる里に一人残している母のことを思い続けていたことがわかります。

「奥の方の室で、ねずみが鳴いている。猫が目を光らしてその方向をにらむ。蛙の鳴き声が、いよいよ盛んに聞こえる」

と、この名文は終わっています。

⑩ 丸ちゃん・ガッチャン

ドイツ留学時代に晥一は、「クラリネットとピアノのための小曲」を作曲しています。帰国する直前の昭和九年（一九三四）六月十一日の夜、ヒンデミット教授の教室の人たちの作品発表会が開かれました。ドイツ人、ユダヤ人、スコットランド人、アメリカ人、それに日本人の晥一というメンバーで、まるで国際的音楽会という形でした。そこで発表されたのが「クラリネットとピアノのための小曲」でした。

演奏が終わると聴衆の拍手が巻き起こりました。歌手のシュタインという人は晥一にかじりつき、ヒンデミット教授は「そうれ御覧なさい」と体をぶつけて抱いてくれるし、校長もその他の教授たちも固い握手で大成功を祝ってくれました。そしてヒンデミット教授は、まるで自分のことのように喜んで、「さあ日本料理屋に行くぞ」と、大騒ぎだったそうです。

そうした成果を得た晥一は、昭和九年九月、二年半の留学生活を終えて、懐かしい日本に帰ってきました。

帰国した晥一は、母校の東京音楽学校の講師として迎えられました。そして三カ月後には助教授となりました。晥一は、東京音楽学校を一番で卒業し、小学校から師範学校まで教鞭をとり、その後、ドイツに留学したことでヨーロッパの伝統的な音楽に毎日触れていました。しかも、世界で最も先駆的な作曲家・ヒンデミット教授から、実に多くのことを学んできたのです。したがって、東京音楽学校の先生として最もふさわしい人物だったのです。

皖一には二つのあだ名がありました。一つは新潟県の長岡女子師範学校時代の「丸ちゃん」というあだ名です。これは皖一が顔も体も丸いからという理由でした。

そして、東京音楽学校で教える頃は、「ガッチャン」というあだ名が付いていました。これは皖一が、大変几帳面な生活をしていて、学生たちにもそうさせていたからなのです。

例えば、時間を守ることにも厳しくて、遅刻は絶対に許しませんでした。授業が始まると、入り口の戸を閉めてしまいます。それがいつものことでしたから、学生たちは「ガッチャン」という名を付けていて、始業のベルが鳴ると、「それ、ガッチャンの授業だぞ！急げ急げ」と先を争って教室に向かいました。

また、皖一は、暇さえあれば作曲をしていました。いつでも、どこへ行く時も作曲ノートを手放すことがありませんでした。

ある時、何かの会議をしている時、五線紙を取り出して何やら作曲を始めたのです。鉛筆で音符を書き込み、消しゴムで間違いを直して、ついつい会議そっちのけで作曲に夢中になってしまいました。そんな時、誤って消しゴムを落としてしまいました。運悪く、消しゴムは議長の机の前までコロコロと転がっていったのです。

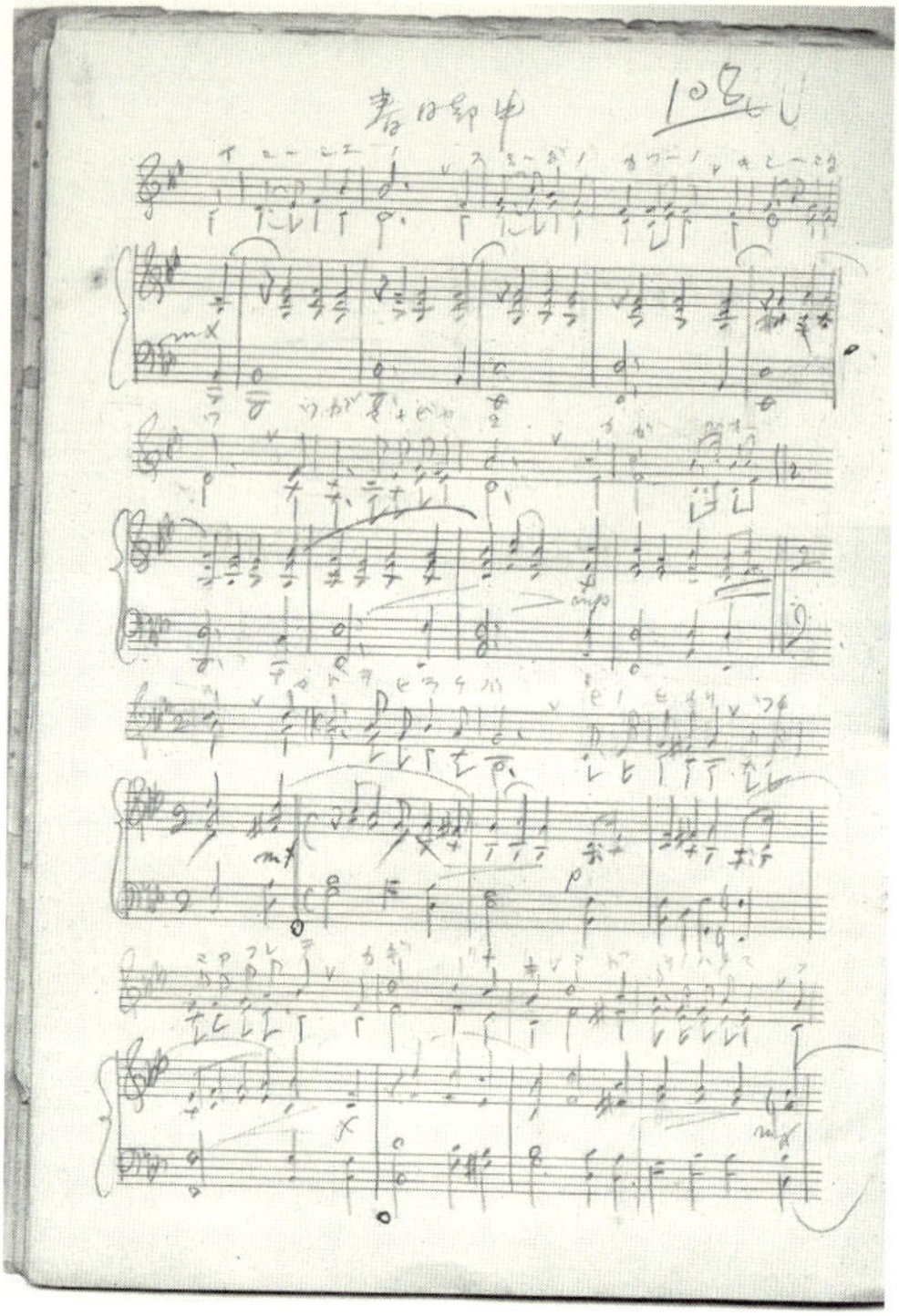

埼玉県春日部市立春日部中学校の校歌。この頃最も精力的に作曲活動をしていた。几帳面な楽譜

会議に参加していた人たちは、どうなることかとハラハラしていました。皖一は何ともバツが悪そうにのこのこと議長の前まで出ていって、そっと消しゴムを拾うと自分の席に戻ってきました。議長もあっけにとられて、何も言うことができませんでした。皖一は、何事もなかったかのようにまた作曲を続けていました。これには、傍にいた友だちも呆れてしまいました。

皖一の楽譜を肉筆で見た人は決まって

「下總先生という方はとても几帳面な方だったのですね」

と、言います。

そう言われる皖一が、ドイツ留学時代の恩師パウル・ヒンデミット教授について

「ヒンデミットの楽譜の原稿を見せて貰ったが、実にきれいに書いてある。ベートーベンなどの原稿は人が見たらわからないようだけど、ヒンデミット教授のは他人が見ても直ぐ

にそれとわかるように書いてある」

と、几帳面と言われた皖一が、恩師の楽譜のきれいなのに感心しているのです。さらに、「それでいてヒンデミットは譜を書くことも早い。学生の作品を見るのにも、大抵は一応はピアノであたってみるが、その不備な点を直ぐに見つけ出して、その一部なり或いは大部分を書き改める場合がある。ある時、学生が作った作品を見て『これは面白くないからこうしたらいい』と言って、さっさとその主題をもとにして書き上げてしまったことがある。おそらく五分とかからなかったことだろう」

と、恩師の指導の仕方に舌を巻いているのですが、帰国後の皖一の指導も負けていなかったのです。

★東京音楽学校時代のエピソード★

昭和十年頃に皖一の担任クラスに席を置いた山田常三氏のお話です。

「下總先生は大変温厚な方で、大声を出したり、怒鳴ったりは決してなさいませんでした。そんな先生がいつも学生に向かって言っておられた言葉が《高く飛ぶ鳥は地に伏すこと長し》というものでした。素晴らしい言葉ですね。細かいことにコセコセするな、じっくりと地に足をつけてしっかりやれと学生たちを常に励ましておられました」

人間には長い修業時代が必要だということでしょうか。皖一自身が、学校を卒業した後に各地で教鞭を執り、他人よりも遅くドイツ留学をしたという雌伏の時代を経たゆえの言葉です。

○**山田常三（やまだ つねぞう）** 大正4年（1915）－平成15年（2003）。文教大学教授。音楽家。山形市出身。

⓫ 名曲『野菊』の誕生

東京音楽学校での授業のほかに、作曲をしたり本を書いたりと、大変忙しい生活を続けていた皖一は、昭和十五年（一九四〇）文部省の教科書編集委員になりました。日本全国で使われる教科書をつくる仕事です。

以前、皖一はいろいろな学校で先生をしていましたから、学校や生徒のことをよく知っていました。そこで、それらの知識や体験をもとにして教科書づくりを進めました。世界の優れた音楽や日本の美しい音楽を教科書に採り入れました。皖一自身も、いくつもの曲をつくり、教科書に入れました。日本中の子どもたちに、優しい心をもたせよう、美しい心や喜びを与えようという願いを込めて教科書をつくりました。

皖一が教科書の編集に携わるようになった頃は、日本とアメリカなどの国々との関係が次第に悪化していった時代でした。世の中はだんだんと暗くなり、戦争の影が忍び寄ってくる時代でした。そうなると、当然、戦争の影響は教科書にも及んでくることになりました。そのことに皖一は心を痛め、苦しい思いをしていました。

そんな時に作曲したのが、後世に残る名曲《野菊》だったのです。

遠い山から吹いてくる
小寒い風にゆれながら
けだかく清くにおう花
きれいな野菊　うすむらさきよ

石森延男という人の詞に曲を付けたのですが、この詞に出会った晥一は、すぐに利根川沿いのふる里を思い出していました。晥一の子どもの頃の光景が、そっくりそのまま歌われているからです。それと同時に、その景色は、誰にとっても懐かしく、美しい光景でした。

「遠い山から吹いてくる小寒い風」

これは、その頃少しずつ静かに忍び寄ってくる戦争への不安と考えることができるかもしれません。そのような暗い不安な時代の中でも、野菊は気高く、清く美しく咲いているのです。

「自分も、どんな時代になっても、この野菊のように生きたい。人間は誰でも、この花のように生きなければならないのだ」

と、晥一は思ったのです。そういう思いが、この美しい詞と曲の中に込められているのです。

下總晥一が作曲した「野菊」にちなんで命名された野菊公園。公園内には「野菊」の歌碑と彫刻「奏でる」（中島睦雄作）が公園に憩いにくる人々を優しく出迎える

○**石森延男（いしもり のぶお）**　明治30年（1897）－昭和62年（1987）。児童文学者、国語教育学者、教科書編集者。

ところが、この歌がつくられたのは、太平洋戦争の始まる直前で、日本は国を挙げて戦争に向かっていく時代でしたから、小学校の教科書採用にあたり、文部省からもっと元気で力強い戦意高揚に繋がる詞が要求されたそうです。しかし、石森氏は、日本の伝統的な文学精神の中にある平和や静穏を追求する流れを説明してやっと認めさせたのです。

その後、『野菊』は、小学校の教科書に採り入れられ、子どもたちに歌われました。この曲が、日本中の子どもたちに、どんなに大きな感動を与えたかわかりません。上品で、美しいこの曲は、皖一の人柄のよく現れた曲でもありましょう。

昭和十六年（一九四一）十二月、日本はとうとうアメリカをはじめとする国々との戦争に突入しました。戦争が激しくなると、敵国語を使ってはいけないということになってきました。英語が禁止になると、音階を表すドレミファソラシドも使えなくなってしまいます。そこで、日本語のハニホヘトイロハに置き換えました。もっと複雑な音階は、パプペマムメなどと変えたのでした。この新しい呼び方は、教科書によって全国に伝えられました。皖一はこういう苦労や工夫もしていたのです。

この間の昭和十六年九月に、皖一は家族とともに品川区上大崎に転居しました。戦後は、ここで農作業をすることができました。

皖一の妻、仲枝夫人が「上大崎の寓居にて」という文章をある小冊子に寄せています。『終戦時に活躍した児童合唱団の記録』という冊子の中で一ページ程度の文章でした。

「戦争が激しくなり『音楽』でもないであろう、上野の音楽学校を軍隊で使うという申し入れがあった時、主人は『音楽は情操教育ばかりではなく、耳の感覚、耳の訓練にも必要』といって最後まで反対し、校舎がそのまま残った…という話を先頃関係者から伺いました。それ故でしょうか。その後、海軍の軍人さんの耳の訓練などを頼まれて、空襲下に神戸まで行ったりしておりました」

「当時子どもの時間で『耳の訓練』の標題でNHKに出演していたことを知りましたが、いろいろのお仕事を引き受けていたので結局疎開もせず、とうとう五月二十五日の大空襲で、今住んでおりますこの目黒で、家もピアノも何も彼も焼失してしまったのです。

おかしなお話なのですが、埼玉の実家にはフロックコートなど普段あまり使わないものを疎開させてありました。東京ですっかり洋服を焼いてしまったので、主人は埼玉からそのフロックコートを取り寄せて大学に時々着ていきましたら『先生、その格好は…』と、だいぶからかわれたそうです」

仲枝夫人のこの一文に見られるように、戦争末期には、もう少しで東京音楽学校が軍隊から接収されるところだったようです。耳の訓練もできるのだという皖一の苦しい理由づけによって、音楽学校は救われた、ということになるようです。

あの名曲『野菊』の歌詞について軍隊や文部省からの強い圧力にも屈しなかった石森氏や皖一の抵抗をみると、圧倒的に強い力をもっていた軍の前に、まっすぐに立っていた人たちの生き方に感動せざるを得ません。

○**フロックコート(Frock Coat)**　19世紀中頃〜20世紀初頭にかけて使用された昼間の男性用礼装。ダブルブレストで黒色のものが正式とされ、フロックコートとシャツ、ベスト、ズボン、ネクタイで一揃いになった。その後モーニングコートに取って代わられた。

⑫ 美しい歌の数々

皖一には三つの顔があります。一つが生涯千二百余曲といわれる作曲家としての顔、ドイツ留学でヒンデミット教授から受けた作曲法を理論としてまとめた「和声学」をはじめとした数々の理論書を著した音楽理論家としての顔、そして東京音楽学校や東京藝術大学などを通じて多くの作曲家を育てた音楽教育家としての顔です。その一つひとつをみていきましょう。

作曲家・下總皖一が誕生したのは、大正十三年（一九二四）、二十六歳の頃だといえます。その年の九月に栃木師範学校に転任して、覺三から皖一に改名し、国分寺に住まわれていた信時潔先生に師事して作曲の勉強を本格的に始めました。

そして、皖一が亡くなる昭和三十七年（一九六二）までの三十八年間に、著作権登録されたものだけで千二百余曲、その中には優れた管弦楽曲、舞曲、ピアノ曲などが含まれ、編曲に至っては百二十七曲に及んでいます。さらに県歌、市歌のほか五百余にのぼる校歌があり、埼玉県内では百五十余（42頁の楽譜参照）、栃木県内では八十曲がつくられています。

その中で一曲だけ、「下總覺三作曲」となっている曲があります。『春の雪』という曲で久保田宵二作詞となっています。

○**久保田宵二（くぼた しょうじ）** 明治32年（1899）－昭和22年（1947）。昭和期の作詞家。童謡『山寺の和尚さん』など。

この『春の雪』には面白い話があります。同じ年に発表された水沢尋四作詞『ふくろ』と異なった詞に同じ曲が充てられているのです。

『春の雪』　久保田宵二作詞
岸の柳の芽がのびて／赤いマントに春の雪／チララハララチ／おどります／おどりつかれて春の雪／お花さがしにゆきました

『ふくろ』　佐藤庄市作詞
ふくろふくろと呼ぶ子ども／くらいやみ夜をただ二人／ふくろはくらい杉林／おめめぎょろぎょろ／光らせて／くらいやみ夜をにらんでる

有名な北原白秋の『砂山』のように、中山晋平と山田耕筰という違った作曲家がそれぞれ違った曲を付けるという例はあるのですが、二つの違う詞に曲が同じというのは面白いこ

NHKの作曲講座。テレビの収録で楽譜を指して浜野政雄氏（東京藝術大学教育担当者）と。昭和34年

○**佐藤庄市（さとう しょういち）** 当時、岩手県水沢市の小学生。
○**パッサカリア（passacalia）** 主に17世紀～18世紀にかけて用いられた音楽形式の一つ。パッサカリアはスペインに起源をもち、スペイン語の pasear（歩く）と calle（通り）に由来している。

とです。

ドイツに赴いた昭和七年（一九三二）から昭和九年にかけては、『スキー』『ほたる』『電車ごっこ』『クラリネットとピアノのための小品』『パッサカリア』『ゆうかげ草』などを発表しています。

ドイツでヒンデミット教授に就いて勉強し、帰国前の発表会で披露したのが『クラリネットとピアノのための小品』で、多くの先生方や留学生から絶賛された曲です。『パッサカリア』は、西洋音楽に立脚した曲ですが、日本の伝統を感じさせ、しかも、今の今つくられたような新しい感じの美しい曲です。

戦争が長引いても、激しくなっていっても、皖一は、美しく優しい、人々の心にしみじみと染み入る曲をたくさんつくりました。

戦争の前後には、『野菊』のほかにも『たなばたさま』『かくれんぼ』『花火』『母の歌』など、次から次へと作曲しました。

その中には戦争を誉めたたえるような曲はありませんでした。どれもこれも、皖一の少年時代を過ごしたふる里の記憶に重なるものばかりだったのです。それらの曲は、教科書その他をとおして日本中に広められました。子どもたちは、皖一の歌を歌いながら、歌うことの喜びを感じ、同時に美しい優しい心を育てていったのです。

皖一は、このような子どもの歌だけでなく、管弦楽、室内楽、合唱曲や校歌など幅広く作曲しました。そんな中で、『母の歌』については、こんな話があります。

この『母の歌』は野上弥生子の作詞で、当時の国民学校（現在の小学校）五年生の教科書に掲載されました。昭和十七年十二月、第

○**野上弥生子（のがみ やえこ）**　本名：野上ヤヱ（旧姓小手川）。明治18年（1885）－昭和60年（1985）。小説家。大分県臼杵市生まれ。

二次世界大戦の真っ最中でした。とても美しい曲なのですが、軍部に言われて二番の詞が付け加えられていました。今は、原曲の一番と三番が歌われています。

『母の歌』　野上弥生子作詞

一、母こそは、命の泉
　いとし子を胸にいだきて
　ほほ笑めり　若やかに
　うるわしきかな　母の姿

三、母こそは、千年の光
　人の世のあらんかぎり
　地にはゆる天つ日なり
　大いなるかな　母の姿

皖一の作曲による『混声合唱曲集』（音楽之友社刊）は、昭和二十六年七月に第一集が出され、第十集が昭和三十三年八月に刊行されて完結しました。この時に、皖一と一緒に東京藝術大学に勤めていた城多又兵衛氏が雑誌『音楽世界』に書評を書きました。

「下總作品集をながめると、合唱曲が非常に多い。これらの曲は、長さとちょっと見た形は似ていると思われるものが多いが、一つひとつ歌ってみると非常に違ったものばかりと言いたい。容易な形をしたものもあるし、ちょっと手のつけられないような形のものもある。ちょっと歌唱能力のある者が歌えば、この表面づらによらずに、みな相当に歯ごたえのあるものばかりである。……」

このように城多氏の評によれば、皖一の合唱曲は、一見簡単そうな形をしているが、実は技巧的に難しく、奥行きの深い美しい曲が多い、といえるのかもしれません。

◯**城多又兵衛（きた またべえ）**　明治37年（1904）ー昭和54年（1979）。昭和時代のテノール歌手、東京音楽学校（現・東京藝術大学）卒。音楽教育者。東京藝術大学、上野学園大学の教授として、ソルフェージュ教育などに尽力した。

⑬ 西洋音楽と日本音楽の橋渡し

皖一がドイツ留学時代にぶつかった大きく厚い壁は、西洋音楽の大きな壁でありました。ドイツ・オーストリアを中心としたドイツ音楽におけるバロック時代のバッハ、古典派といわれるハイドン、モーツァルト、ベートーヴェン、そしてドイツ・ロマン派のシューベルト、シューマン、ワーグナー、ブラームス、そしてシュトラウスを経て、皖一と同時代を生きたシェーンベルクやヒンデミットというきら星のごとき作曲家によるさまざまな伝統音楽は、三味線や箏などの日本音楽とは大きく異なったものであったことでしょう。

そんな押しても引いてもびくともしない厚い壁に行き詰まり帰国を決意した皖一が、ヒンデミット教授から聞いた

「日本にはヨーロッパの油絵と違った墨絵というものがある。あれはきっと作曲のヒントになると思うんだが……」

という言葉は、改めて日本の伝統というものの意味を教えてくれたのです。皖一はそこで、自分というものを見つめ直してみることになります。ヨーロッパ人でない自分、日本人である自分、自分でしかない自分を見つめることであり、日本の伝統音楽を見つめ直すことでもありました。

帰国してから、昭和十年に『三味線協奏曲』、

◯**バロック音楽**　ヨーロッパにおける17世紀初頭から18世紀半ばまでの音楽の総称。この時代はルネサンス音楽と古典派音楽の間に位置する。絶対王政の時代とほぼ重なる。

◯**古典派音楽**　クラシック音楽の歴史において、1730年代から1810年代までの芸術音楽の総称。

昭和十三年に『箏独奏のためのソナタ』、昭和十六年に『箏独奏のための舞曲』、昭和十八年には箏・三味線・尺八合奏曲『秋の虫』を作曲しています。このことは、皖一がヨーロッパ音楽と日本の音楽の橋渡しを試みていたことを物語っています。

前・京都藝術大学教授で現代邦楽研究家の長廣比登志氏は、

「『箏独奏のためのソナタ』は、西洋音楽を学んだ作曲家が作った日本で最初の箏の曲で、非常に重要な曲です」

と言っています。

昭和二十二年に創刊された『美の探求』という雑誌があります。執筆者は、画家の横山大観、奥村土牛、堅山南風、詩人の三木露風、俳人の加藤楸邨といった当代一流の人物が並んでいます。音楽家では下總皖一が執筆しています。

皖一は『民謡と芸術音楽』と題して八百五十字の文章を寄せています。その中で、

「我々はいろいろな方法で民謡の音楽的な方面の調査研究などをしなければならない。従来文学面からの民謡研究は相当に注意深く行われていたと思うが、音楽面からの仕事は案外おろそかにされていたと思う。……外国では民謡が随分学校教材などに取り上げられているものが多い。また、作曲家たちは民謡を基礎として、合奏曲、変奏曲、はては室内楽曲、交響曲にまで発展させている。音楽的なにおいを増して高貴な作品にまでつくりあげている例が非常に多い。わが国でもどんどんそんな仕事をしたらいいと思う。……日本の民謡は洋風の演奏技巧や洋楽器では気分の合わないところも相当多いと思うが……」

○**ロマン派音楽**　古典派音楽をロマン主義の精神によって発展させていった、ほぼ19世紀のヨーロッパを中心とする音楽。

と述べています。このような考えの上に立ってつくられたのが、『三味線協奏曲』であり、『箏独奏のためのソナタ』や『箏独奏のための舞曲』だといえると思います。

皖一は、童謡・唱歌の作曲家として大きく評価されていますが、そんな代表曲。

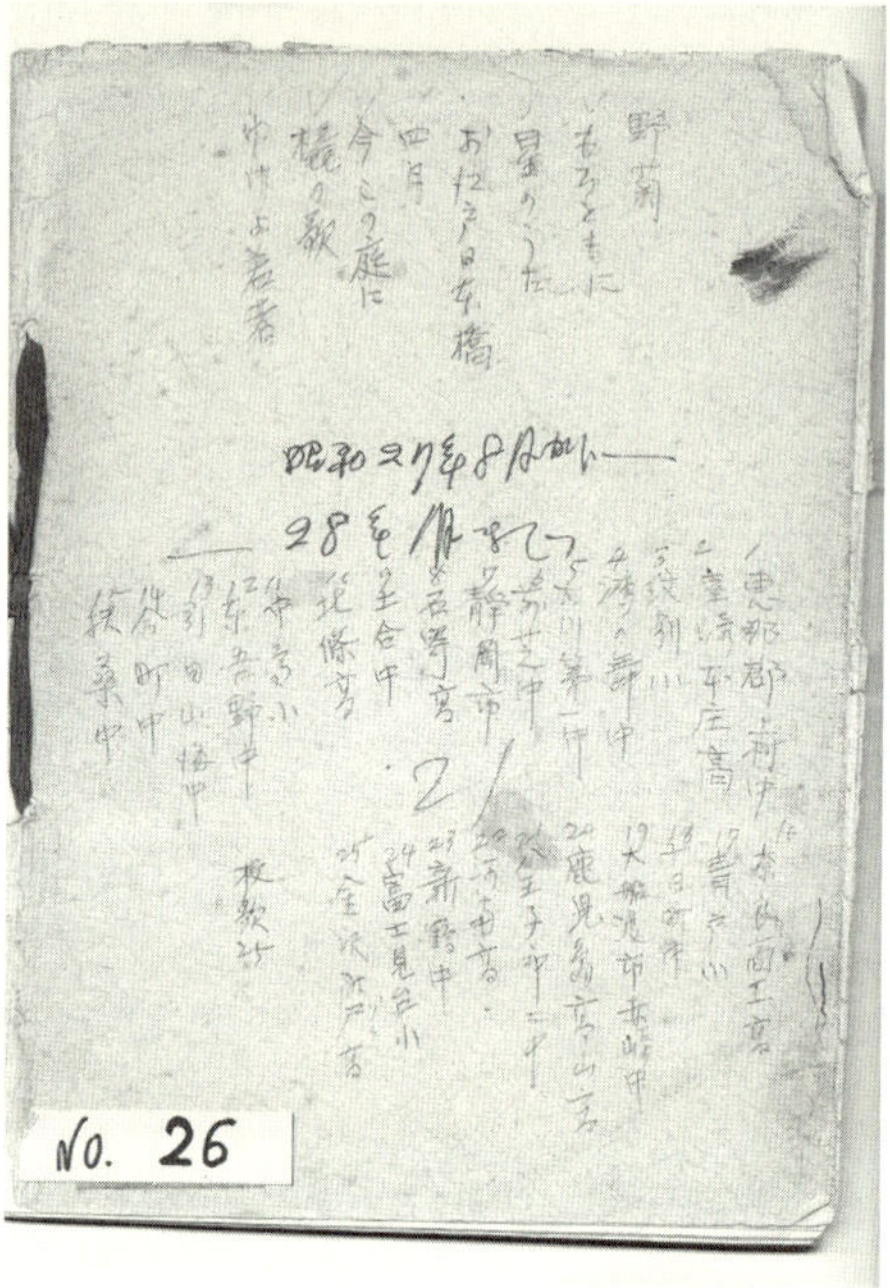

楽譜を束ねた冊子の覚え書き。「昭和27年8月から28年1月まで」と記している。冊子の中に校歌が25曲。この頃最も精力的に作曲を行っていた

ささの葉さらさら
軒ばにゆれる
お星さまきらきら
金銀すなご

誰でも知っている『たなばたさま』は、皖一の作曲ですが、作詞は権藤花代と林柳波となっています。ある資料には、「この二人が一節ずつ歌詞をつくったと思われる」と書かれていますが、童謡研究家の小松原優氏は、「権藤花代が『きらきらお星さま』とつくった詞を、林柳波が『お星さま　きらきら』に直した」と言っています。

また、昭和二十八年発行の教科書『一ねんせいのおんがく』では、『たなばた』と出て

○**権藤花代（ごんどう　はなよ）**　明治32年（1899）－昭和36年（1961）。唱歌「たなばたさま」作詞者・童謡詩人。童謡集『雪こんこお馬』など。

○**林柳波（はやし　りゅうは）**　明治25年（1892）－昭和49年（1974）。詩人。代表作に『オウマ』『ウミ』『うぐいす』『羽衣』『スキーの歌』など。

おり、北浦和公園に建てられている歌碑にも『たなばた』と刻まれていますが、最近の資料では『たなばたさま』となっているものが多いようです。それから、皖一が書いた随筆の中に、「旭川の七夕祭りに出会った。(一カ月遅れの七夕)この辺りに竹がないので、柳の木を竹の代わりにするのである。これでは『ささの葉さらさら』というわけにはいかない」と、名曲の裏側に面白い話がありました。

皖一が作曲した校歌は全国で八百余曲、埼玉県内では百五十余曲といわれています。埼玉県内でわかっているものの中で古い校歌は昭和初期につくられた校歌がいくつかありますが、ほとんどが昭和二十年代から三十年代です。県内の人口増加により新設の学校がどんどん建てられていった時代と重なります。

★作曲を目指す学生へのアドバイス★

いつの時代でも、若い人は自分の将来に夢をもつものです。昭和三十二年(一九五七)四月発行の『音楽の友』の中で、皖一は作曲家への道を若い人に語っています。

「曲が自然に湧き出るといっても、作曲というものはそれだけではだめです。多分に人為的な構成の部分があって、①和声的な立体的構成、②時間的な楽式的構成……」

と専門的なことを説明し、先人の残してくれた貴重なモデルを使って技を練ることも必要だと述べています。最後に、

「夢のない人は芸術家を志す資格はない。しかし、ただ形だけのあこがれであってはならない。長年にわたる修業、苦業、これが作曲家への道である」

と締めくくっています。

⑭ 音楽は楽しく素晴らしい

昭和二十年（一九四五）、戦争はいよいよ激しくなり、アメリカ空軍による爆弾攻撃によって、東京の町もいたるところが焼き払われました。東京大空襲と呼ばれる空襲で、五月二十五日の夜、とうとう晥一の住んでいた家も跡形もなく焼け落ちてしまったのです。

それまで書きためておいた膨大な楽譜をはじめ、ドイツ留学中に収集した思い出の品々も失われてしまいました。もちろん、ピアノもビオラも焼かれ、吹き飛ばされてしまいました。砂原の実家に、いろいろなものを疎開させておきましたが、それにしても大部分のものが焼けてしまいました。

けれども、命だけは助かりました。妻の伸枝も怪我もなく、何とか火から逃れることができました。辺り一面焼け野原になってしまった所に呆然と立ちすくんだ晥一は、これからどうしてよいのかわからなくなってしまいました。とりあえず、焼け残った材木やトタン板を集めてきて、粗末な小屋を建て、雨や風をしのぐことにしました。

こうなると、もちろん電気はこなくなり、夜はランプやローソクの明かりで過ごしました。晥一はリンゴ箱を拾ってきて紙を貼り、急ごしらえの机としました。そこで、暗い明りの下で、相変わらず作曲を続けました。

時には、作曲の途中居眠りをしてしまい、ローソクをひっくり返してしまって、五線紙の上にベッタリと蝋がこぼれてしまい、曲を台無しにしてしまったこともありました。危うく火事になるところでした。この頃の人々は空襲の恐ろしさに明け暮れており、将来に対して希望がもてなくなっていました。暗い世の中になっていたのです。そんな中にあっても皖一は、美しい曲、優しい心を求めて必死で作曲を続けるのでした。

皖一の家が焼かれる二年前から、東京音楽学校の学生たちも、学校で勉強だけしているというわけにはいかなくなりました。学徒動員や勤労動員といって、中学校以上の学生や生徒たちも工場で働いていたのです。大学生などは戦闘機に乗って、戦場で戦いました。

皖一もいくつかの工場へ出掛け、学生たちの働きぶりや健康状態などを見て回りました。この頃は、日本中の人たちが、この戦争に勝つまではがまんしようと、苦しみに耐えていました。食べ物が少なくなって空腹であっても、着るものがぼろになっても、鉛筆やノートなどが不足しても、みんな歯を食いしばってがまんをしていたのです。

ところが、昭和二十年（一九四五）八月十五日、日本はとうとう戦争に敗れてしまいました。

翌日、皖一は学生たちが動員されていた川口市の鋳物工場へ少し早めに出かけてみました。その工場は入口が閉まっていて誰もいません。そのうち学生たちも集まってきました。皖一は「みんなも知ってのとおり、日本はこの戦争に負けてしまいました。これから先は、どうなるかわかりません。しかし、君たちは音楽学校の学生です。明日からは学校へ行きなさい。工場へは来なくてもいいのです」と言って、学生たちを解散させました。学生たちを見送った皖一は、果たしてこれから先、日本はどうなるのか、全く見当がつきませんでした。良くなるのだろうか、もっと悪くなるのだろうか。

しかし、戦争が終わったのだから、人の命が奪われることはなくなるだろう。もしかしたら、もっともっと音楽の勉強を学生たちにさせることができるかもしれないし、自分でもやれるかもしれないと、大きな不安の中にも、かすかな希望が湧いてくるのを感じたのです。

戦争の終わり頃から敗戦の後まで、日本中の人が食べ物の不足に苦しんでいました。食料は配給になりましたが、それだけではどうしても足りません。法律に反してヤミで食べ物を買う人もいましたが、皖一は絶対にそうはしませんでした。そのため、ガリガリに痩せてしまいました。

そこで空き地を利用して作物を作り、足りない分を補っていました。サツマイモ、ジャガイモ、カボチャ、麦などを作りました。皖一はもともと農村で生まれましたから、農作業の手伝いは経験がありましたし、近所の人たちが働く様子を見ていましたから、苗の植え方や肥料のやり方などもよく知っていました。それに、農作業は大好きだったのです。戦争が終わって二年目の昭和二十二年には、カボチャだけでも百個以上も収穫しました。

鶏も何羽か飼っていました。卵を取るためでした。魚や肉などあまり食べられない時代でしたから、タンパク質を卵で摂るようにしたのです。

農作業は天候に左右されることが多いので、皖一はいつも、天候の変化に注意を払っていました。そしてその日の天候のことは日記に書き込んで後々の参考にするようにしていました。

戦後、皖一は通信教育関係の仕事で各地方で先生方を集めた講習会に頻繁に出席していました。ある日、静岡から大分に向かう夜行列車の中で、いつものようにトランクから作曲ノートを出して曲を書き込んでいる間に

車窓から挨拶する下總皖一

眠ってしまいました。大阪に着いて目が覚めると、棚の上に置いていたトランクが見当たりません。泥棒にあったのです。

トランクの中には、皖一にとって大事なものがいくつも入っていました。講演の原稿、十年以上も前から書きためた資料、愛用のメガネ、みんななくなってしまいました。

残念でたまりませんでしたが、気を取り直して作曲を始めると、だんだんその悔しさが消えていくのでした。列車の中の人たちは、まだみんな眠っています。起きているのは皖一だけ。五線紙に鉛筆をすべらせていくと、すっかり音楽の世界に入っていました。心は落ち着き、そのうちに喜びに変わっていきました。ああ、音楽は、こんなに楽しく素晴らしいものなのか。皖一は、改めてそう思うのでした。

⑮ 日本の和声学の神様

皖一には随筆集『歌ごよみ』のほかに二十七の音楽関係の著書があります。

皖一が音楽理論の本を著した最初のものは、昭和十年（一九三五）の『和声学』でした。「和声」とは、英語のハーモニーであり、西洋音楽では、メロディ（旋律）とリズム（律動）と共に音楽の三要素といわれています。

昭和十年発行の『音楽研究』という雑誌の中に、皖一が著した『和声学』をドイツのヒンデミット教授に贈ったことに対する教授からの手紙が掲載されています。

「親愛なる下總君

あなたのお手紙は先日落手しました。ちょうどその時、あなたの二、三人の学友が私の家に来ていたので、皆大喜びでお手紙を読みました。次に、同時に届いたあなたの著書『和声学』を、非常に興味をもって開いてみました。われわれは、まず挿入されている譜を見ました。もしわれわれが、少しでも日本語を解することができたら、あなたの著書についてもっといろいろの感想や批評を述べることができたのにと、大変残念に思いました。しかし、挿入されている例題の譜によって、この書が従来の和声学書に比して大変優れたものであるように考えます。ですから、あなたの著書は、日本の音楽界に於いてユニークな位置を占めると共に、また今後あなたの国の若い音楽家たちに大きな影響を与えるものだろうと、われわれは語り合いました。ここにわれわれは、あなたの労作に対して遥かに感謝と敬意を送るものです」

と、そこには高い評価が記されていました。そしてヒンデミット教授の予想は見事に的中し、二十五版を超え、今でも若い音楽家たちに使われ続けています。

その後、昭和十三年に『作曲法』、昭和十七年には『日本音階の話』『音楽教育と和声学』、昭和二十三年には『作曲法』『作曲入門』『楽典』、昭和二十五年には『楽典解説』『標準和声学』『模範音楽通論』『音楽理論』『対位法』と次々に出版しました。

それまでの日本には、西洋音楽に関する音

アスタホールに展示されている下總皖一の著書の一部。今でも多くの若い音楽家たちの指導に使われている

楽理論はまだなく、晥一の著書によって初めてしっかりした音楽理論が確立されたといわれています。したがって、音楽学校では、東京藝術大学に限らず、どこでも晥一の著したものをテキストとして使用し、晥一の理論を基にして教育が行われたのでした。なかでも『和声学』は優れていて、晥一は「和声学の神様」とまでいわれていました。

現代の作曲の学習においては、さまざまな『和声学』や『対位法』の本が出されていますが、基本となっているものは晥一が日本で最初に出版した『和声学』です。その証拠に、平成十二年（二〇〇〇）の二月には、『音楽理論』が第五十七版、『対位法』が第四十版、『和声学』が第二十五版として出版されています。

下總晥一の名は、童謡や唱歌の作曲家として広く知られています。平成十五年に古賀政男記念館の「大衆音楽の殿堂」に選ばれた時にも童謡・唱歌の部門での選考だったそうです。また埼玉県が制定している「下總晥一音楽賞」（昭和六十二年、埼玉会館友の会が制定、平成七年から埼玉県に移管）においても平成十年から二十三年までは童謡に特化した音楽家や音楽団体を表彰してきましたが、二十四年以降は、埼玉県ゆかりの作曲家、音楽理論家、音楽評論家、音楽教育家、演奏家など広い範囲で活躍される方々を表彰するようになりました。

このように、近年は下總晥一の音楽に関する幅広い分野での偉大な功績に対する顕彰が行われています。

★皖一の著書についての話★

昭和六十三年（一九八八）に『下總皖一生誕九〇年誌』（埼玉会館友の会・下總皖一音楽賞事務局）の編集委員長であった石綿清一氏は、皖一を次のように評している。

「ドイツ留学でヒンデミット教授から受けた作曲法は、皖一の音楽活動に大きく影響を与えたが、彼が音楽研究について多くの著作を残す中で『標準和声学』は昭和二十五年の発刊以後二十刷以上の版を重ね、音楽を志す人の〝必読の書〟となっている。音楽を学問として研究する面でも「近代の音楽の礎を築いた人」といえるのではないだろうか。洋楽と邦楽を結びつける橋渡しに一役買ったともいわれるが、音楽理論家として『日本音階の話』（昭和十九年楽苑社刊）を例にあげてみよう。

日本の音楽を『雅楽』と『俗楽』に大別、さらに『俗楽』と《自然発生の民謡》と《三味線・箏の音楽》に分けている。『俗楽』の項で《言葉の抑揚》《物売りの声》《紀元節の歌》などを取り上げ大要次のように説明している。

《言葉の抑揚》は一種の旋律で何らかの形態を備えた音階を作っている。《物売りの声》は一例で、東京では豆腐屋は「とーふ」または「あーう」といって、自分が豆腐屋であることを他人に知らせている。（ここで呼び声を音符で書いている）《紀元節の歌》では、‥」

と、皖一の日本音階に関する音楽理論家としての研究成果について詳細に取り上げています。

（『下總皖一生誕九〇年誌』（埼玉会館友の会・下總皖一音楽賞事務局）より）

◯**石綿清一（いしわた せいいち）** 大正11年（1922）—。元毎日新聞浦和支局長。文化講演事業などを行う「埼玉会館友の会」を設立し、下總皖一音楽賞を制定。

⑯ 厳しさと優しさと

昭和二十二年（一九四七）、世の中は依然として物の不足はありましたが、少しずつ落ち着いてきました。四月から新しい学校制度になり、東京音楽学校は東京美術学校と統合され、東京藝術大学となりました。音楽学校から続いて教授五年目の皖一はますます忙しい毎日を送るようになりました。大学の授業に加えて、作曲の仕事、その上、音楽理論の原稿を書く仕事などを続けていました。

大学での授業は、一つの教室に大勢の学生を集めて行う授業と、先生一人と学生一人で行う授業がありました。皖一は授業の時、先生の話をよく聞いていない学生に対しては厳しく叱りました。大事な話を聞き洩らしてしまうと、前へ進めないからです。

しかし、ただ厳しいだけではなく、学生たちを飽きさせないように、楽しいユーモアのある話をたくさんしました。皖一は、自分でも楽しい話を聞くのが好きでした。藝術大学から上野の山を南に歩くと、鈴本という寄席がありましたので、忙しい仕事の合間に時々そこへ出かけていって落語などを聞いて楽しみました。そこで得た楽しい話を授業中に入れていたのかもしれません。

しかし、先生一人に学生一人の授業では、楽しいことばかりではありませんでした。作

○**團伊玖磨（だん いくま）** 大正13年（1924）－平成13年（2001）。作曲家、エッセイスト。日本を代表するクラシック音楽の作曲家の一人。

○**土肥泰（どい ゆたか）** 昭和3年（1928）－平成10年（1998）。作曲家、指揮者、ピアニスト。埼玉大学名誉教授。

曲の課題を学生たちが一週間かけてつくってきますが、皖一はそれをピアノの前に立てかけて、人差し指と中指の間にはさんだ短い赤鉛筆でサッサッサッと直していくのでした。そして、ピアノでその部分を弾いて聞かせて、説明するのでした。その特徴のある早業に、学生たちは目を丸くするほどでした。

皖一が東京藝術大学で育てた著名な作曲家には團伊玖磨、土肥泰、佐藤眞、芥川也寸志、松本民之助、山岸磨夫などがおり、皖一はドイツ音楽の第一人者として新しい時代を築きました。

将来性のある学生には、特に厳しく指導しました。しかし、叱られた学生が自信をなくしてしまわないようにと、いつも心がけ、後で言葉をかけて励ますことも忘れませんでした。

團伊玖磨は、昭和十七年に東京音楽学校作曲部に入学して、皖一から和声学と対位法などを学びました。そんな團が『好きな歌、嫌いな歌』という文章の中で皖一のことを次のように綴っています。

「下總先生の授業態度はえらく素朴で、真面目でそしてやたらに恐ろしかった。宿題は常に山のような上に、その中に一つの誤りでもあれば、僕は教室に立たされた。一人対一人の作曲のレッスン室で立たされたのである。先生は、立たされている僕を二十分以上もじっとにらんでいるのである。書いていった五線紙がびりびりと破かれて二階の窓から捨てられたこともある。どうもその厳格さが僕だけにであって他の学生には、そんなでもなかったようなので、卒業した時に、どうしてあんなにむごいレッスンをなさったのですか

○**佐藤眞（さとう しん）** 昭和13年（1938）—。作曲家。代表曲に合唱コンクールでも幅広く歌われている「大地讃頌」（『土の歌』の終曲）など。

○**芥川也寸志（あくたがわ やすし）** 昭和元年（1925）－平成元年（1989）。作曲家、指揮者。父は芥川龍之介。

と尋ねたら、先生は『いじめたのではない。いじめればいじめるほど君は口惜しがって勉強するので、ああいう方法をとったまでです』と言われた。厳しかった先生は他界されても う居られない。しかし毎年蛍の季節になって、この唱歌を口ずさむ時に、僕は、厳しいからこそ懐かしい下總先生を偲ぶのである。《蛍》は優しい歌である。先生の外面は厳しかったけれども、心は優しい方だったのだと思う」

こう書くと、皖一の厳しい面だけがクローズアップされますが、決して厳しさに徹しただけの人ではなかったようです。皖一の藝大時代の教え子で六年間にわたり直接指導を受けた鎌田弘子さんのお話です。

「下總先生は偉い方ですが、決して偉いばかりじゃないんです。けっこう普通の俗人的なおかしな面もおもちだったんですよ。例えば、先生のお弟子さんが、何か大事な試験を受けた時なんか、合格発表までの間、心配で心配で落ち着いていられないんです。そして、その不安をごまかすために映画を見に行ったり、寄席に行って落語を聞いてみたり、それはそれは大変なんですよ。そして、合格の知らせが入ると、まるでご自身のことのように大喜びしていました。決して聖人君子じゃないんです。俗っぽいところも結構おもちで、それがかえって非常に人間的な魅力だったのです」

皖一の残された日記には、チャンバラ映画を観たとか、西部劇を観たとかいう記録が時々出てきますが、皖一自身の楽しみのためばかりではなく、寄席や映画には、そのような意味もあったのです。

○松本民之助（まつもと たみのすけ） 大正3年（1914）－平成16年（2004）。作曲家。東京藝術大学名誉教授。

○山岸磨夫（やまぎし まお） 昭和8年（1933）－平成15年（2003）。作曲家。作陽音楽大学音楽学部長。

★作曲家を目指した教え子のエピソード★

久喜市栗橋在住の作曲家・鎌田弘子さんは、皖一の晩年のお弟子さんのお一人です。

「私がピアノを始めたのはとても遅くて中学校に入ってからです。最初は外山雄三先生に付いて勉強させていただいていましたが、高校生になって作曲を学びたいと申し上げたところ、外山先生から『藝大の下總皖一先生が私の先生だから紹介してあげる』と言われて、高校二年生で下總先生の目黒のご自宅にお伺いしました。

最初は女性で作曲をやりたいと言うものですから試されたのだと思いますが、一週間で先生の書かれた『標準和声学』の本を半分やってきなさいという宿題が出され、私も必死で徹夜してやっていきました。それが通じたのか、それ以降もスパルタで厳しく宿題と指導を受けました。作曲の下總先生のほかにもソルフェージュは城多又兵衛先生、ピアノは室井摩耶子先生の所での個人レッスン、その上、進学のための勉強ですから大変な二年間でしたが、無事に現役で藝大に入ることができました。あの頃の頑張りがあったから、今でも頑張れるのだと思いますね。

しかし、藝大に入ると、周りには大学を出て更に音楽の道を極めたいというような人生経験が豊かな人たちばかり、私も無から有を創り出す作曲活動のためにもう少し人生経験を積めばよかったと思いました。

大学に入ってからは、下總先生は学部長でしたから、教えてくれるというよりも私たちの創作の添削が主でした。先生の音楽は、特に唱歌が有名で非常に素朴です。少年期を過ごしたこの土地の情景がベースなのだと思いますね。

◯**鎌田弘子（かまた ひろこ）** ファミーユ・ひろ主宰、作曲を下總皖一、ピアノを外山雄三、室井摩耶子、田村宏に師事。

◯**外山雄三（とやま ゆうぞう）** 昭和6年（1931）－。指揮者・作曲家。東京藝術大学音楽学部作曲科卒。父は作曲家の外山國彦。

⑰ 文学者を夢みて

東京藝術大学の教授の頃、東京音楽学校と東京藝術大学音楽部の卒業生による「同聲会」という会が中心となって、音楽の通信教育を行っていました。

昭和二十三年（一九四八）には、この通信教育の関係機関誌『音楽世界』が発行されました。ここでも指導の中心は皖一でした。戦争が終わって三年目ですが、自由で新しい時代の訪れにふさわしく音楽を勉強したい人が多く、日本中どんな田舎に行ってもこの通信教育を受けている人がいたといわれています。

この『音楽世界』という冊子は、音楽の専門的な記事が中心ですが、皖一はここに随筆を書き始めているのです。

《花ごよみになぞって、これは歌ごよみ》と、書き出しています。作曲家、音楽理論の著者、音楽教育家として有名な皖一ですが、音楽を志す前に文学者になろうかと考えていた時期がありました。ですから、本を読むのも好きでしたし、書くことも好きでした。音楽の道を進んでも、文学に対する興味は失われていませんでした。

ある時、皖一のもとに、小学校時代に教わった先生から一通の手紙が届きました。

「珍しいものをお目にかけます。……これは三十年も前の春のものですが……この作者が誰かわかりますか」

という手紙に添えて短歌がありました。

雨晴れて遠空青くゆるゆると
　春風に消ゆる淡い白い雲

春雨のはれて日はうららほろほろと
　たえずこぼるる白き小さき花

水辺に銀の芽をふく故郷の
　柳思わせて春風わたる

このような歌が十首書かれていました。読み始めた時には誰のものかわかりませんでしたが、読み進むとどうやら自分でつくった短歌らしいと気づきました。皖一がまだ少年の覺三であった頃、国語の時間に先生から指導を受けながらつくった短歌だったのでした。良くできたものだったのか、あるいは印象に残った短歌だったのか、先生は三十年もの間とっておいてくれたのです。皖一はびっくりもし、また嬉しくもなってじっくりと読み返してみました。この短歌をつくった頃の覺三は、毎日毎日、短歌で日記を書いていたのでした。

また戦争中も、空襲で住む家を焼かれ、焼け跡から拾ってきた材料で作った粗末な小屋の中でさえ、作曲や音楽理論の本だけでなく短歌もつくっていたのです。

焼けあとのわびしき色もかくれつつ
　夏草しげる心うれしさ

ひねもすを雨もりになやみ夜は夜とて
　風吹きまくり眠られぬかも

次々にかくも苦しきわが命
　生きることさえいとわしくなりぬ

いつの日か心おちいてゆたかなる
　音楽の道たどらんとはする

皖一は短歌だけでなく小説も書いていまし

た。演劇の台本もつくりましたし、短い随筆もたくさん書いています。

昭和二十二年（一九四七）の利根川の洪水の時のことを題材にとった『或る構図』という戯曲では、押し寄せる濁流から逃れて、屋根の上で助けを待つ母と娘のことを書きました。

『早春』と題された小説では、晥一がドイツに留学してまだ慣れないで苦しんでいた頃のことが書かれています。

台本も小説も読む人の心を惹きつける文章で、文学者下總晥一という感じさえします。

随筆はたくさん書きましたが、主として『音楽世界』に発表していました。そして、昭和二十九年には、それらをまとめて『歌ごよみ』と題して一冊の本にしました。

『歌ごよみ』の中には、栗橋尋常高等小学校高等科に一里半の道程を歩いて通った二年間の日々のこと、埼玉師範学校でのマラソンで得た自分のテンポで歩むコツなどが記されています。

その中の『自分のテンポ』の文末に晥一の心情がよく描かれた文章があります。

「私は音楽の勉強を始めたのが十七、八の頃、音楽学校へはいったのが二十の春、そこで漸く正式な勉強が始まったというものだが、又二十三で音楽学校を卒業して五年経った二十七の秋から先生について作曲の勉強を始めたので、ドイツへ行ったのは三十五の年、何でもかでもおそまきで、モーツァルトが四つの歳で作曲したのなどに比べると三十年も後れている。然し追い越す人はどんどん追い越していってください。私は自分のテンポで、休まずマラソンを続けていきます」

○**利根川の洪水**　カスリーン台風は昭和22年（1947）9月に発生し、関東や東北地方に大きな災害をもたらした。

また、本の最後には『音楽家二世』という短編があり、その中でも皖一の心境を読むことができます。抜粋すると、

「○○君のお父さんは音楽家なんでしょう？」

「お母さんもですよ」

「此頃音楽学校の生徒さんには所謂音楽家二世がとても多いんじゃないですか？」

「そうですね、つまり一世の時代に実現できなかった理想を二世にというわけなんでしょう」

「二世となれば随分小さい時からやらされているんでしょうから、これからの時代では、物心ついてから始めたんじゃとても追いつけないでしょうね。ところで先生のお子さんは？」

「ないですよ」

「そうですか、そりゃお淋しいですね。もしお子さんがあったらやはり音楽家になさいますか？」

「いや、私は自分一代でたくさんですね。うんと凄いのになればいいけど、そうでもないと結局苦労ばかりで一生を下積みに終わる……。音楽というものは出来上がったところはいいけど、その練習ときたらたまりませんからね」

と、皖一が体験した辛さを綴っています。

『歌ごよみ』の表紙

⑱ 音楽者として初の音楽学部長

昭和三十一年（一九五六）は、皖一にとっては嬉しい年になりました。

四月七日、ドイツからパウル・ヒンデミット教授がウィーン交響楽団の指揮者として飛行機で来日したのです。四月十一日に日比谷公会堂で行われた第三回演奏会「モーツァルトの夕」の後に、後輩でヒンデミット教授から教えを受けたことのある坂本良隆と新橋駅近くの松喜というスキヤキ屋でお目にかかることができました。

ヒンデミット教授は青畳の部屋が好きで、スキヤキも大好物でした。ドイツの教授宅では、皖一が時々、材料を揃えてスキヤキ料理を出したことがあったので、本場のスキヤキに大喜びでした。その時、皖一は前年に出された教授の写真集にサインをしてもらいました。三人は昔話に花を咲かせ、皖一もヒンデミット教授もお互い戦争で家を焼かれた話になり、戦争はこりごりだと頷きあいました。

東京藝術大学の教授として十四年勤めた皖一は、その年、昭和三十一年十月に音楽学部の学部長になりました。しっかりした教育を受けて熱心に学生を教育し、作曲や著作でも大きな成果をあげていたので、大勢の教授たちから尊敬され、温厚で優れた人柄の皖一は、学生たちからも慕われていました。したがっ

○**坂本良隆（さかもと よしたか）** 明治31年（1898）－昭和43年（1968）。指揮者、作曲家。岩手県出身。大正10（1921）年、ドイツに留学。1925年、ベルリン音楽大学指揮科卒。ヒンデミット、シュタイン、グマインドル、山田耕筰、信時潔らに師事。指揮者活動のほか作曲作品も多い。島根大学教授を務めた。

て、学部長に選ばれたのは当然のことだったのです。

当時の新聞のコラムの切り抜きが古いノートに貼ってありました。『東京藝大音楽学部長が替わって作曲科教授下總皖一氏が新学部長に十日付で就任した』と記述されていますが、皖一の当日の日記には、いつもと全く変わらない記述で、左端の所に『学部長辞令』とメモ書きがあるだけでした。新聞記事は、なお続きます。

ヒンデミット教授来日（昭和31年4月）

『音楽取調所から東京音楽学校を経て藝大音楽学部にいたるまで七十七年目に、卒業生の中から音楽学部長、昔でいえば音楽学校長を迎えたのだ。村上直次郎、乗杉嘉寿、小宮豊隆の諸氏の音楽学校長のあと、藝大になって加藤成之氏が七年間、音楽学部長を勤め上げての後の改選。それぞれ名校長であったが、母校の卒業生ではなかったのだ。昭和の初めに卒業生、在校生が同窓生の島崎赤太郎氏を推して校長にしようとしてゴタつき成功しなかったことがあるが、こんどこれが実現でき

◯**村上直次郎（むらかみ なおじろう）** 慶応4年（1868）－昭和41年（1966）。明治時代から昭和時代にかけての歴史学者。文学博士。
◯**乗杉嘉寿（のりすぎ よしひさ）** 明治11年（1878）－昭和22年（1947）。明治から昭和期の文部官僚・教育者。

★音楽学部長に関するエピソード★

晥一の親友の城多又兵衛が、昭和二十九年十月の『音楽世界』に次のようなことを書いています。

「昔から音楽学校（国立の）は八十年の歴史はあるが、一度も音楽者が校長になったことはない。いつも文学者、理学者、行政官の古手（わしは音痴だがネ）と言っている人たちが校長になっている。これは校長が悪いのではなく、文部省に目がないのだと言ってしまえばそうかも知れない。（中略）。音楽界のことは音楽者が一番よく知っている。だから、音楽者が行政面にも指導者の出ることを切望すると言いたいのである」

この文章が出されてから二年後、音楽家・下總晥一が音楽学校以来歴史上初めての学部長になったのです。

たのだから、同窓会、在校生とも〝生みの親〟を見つけたような喜び方だという』

学部長候補者は晥一のほかに二名が出て、九月二十四日の選挙の結果、晥一が断然トップで当選したのでした。

学部長になってみると、今まで以上に忙しくなってきました。何しろ、当時の日本の音楽教育の世界でその頂点に立っているのですから、自分とその周りだけを考えているわけにはいきません。

昭和三十一年十月十日の晥一の記録には、「ピアチゴルスキーが学校へ見えるけれど、学長も事務長も不在で、私が出るように言われたが、言葉はわからず、外国人と話したりすることは、どうも苦手だし、困ったことだと思うけれど、これが学部長としての一つの役目であってみれば仕方がない」

○**小宮豊隆（こみや とよたか）** 明治17年（1884）－昭和41年（1966）。独文学者、文芸評論家、演劇評論家。

○**加藤成之（かとう よしゆき）** 明治26年（1893）－昭和44年（1969）。大正・昭和期の音楽教育者、音楽学者、政治家。貴族院男爵議員。音楽史研究、音楽美学の開拓者の一人。

さらに、この日はブラジルの市長との面会など公人として自由行動ができないことを綴っています。

皖一の当時の記録によりますと、

「学校に出ると、いっぱい書類を持ってこられた。椅子カバーの洗濯、便所の修理、何でもかんでも学部長の判がいるのだ」

と、学部長として初めてぶつかる面倒な細かい仕事に困惑しています。

また、地方の大学へ船を使って行った時には、皖一だけが特別二等の船室で、一緒に行った先生方や学生たちは大部屋に入れられたようで、話し相手もいない「ひとりぼっち」を感じていたようです。

皖一は、もともと真面目で熱心な努力家ですから、相変わらず授業も著作も作曲も学部長の仕事も、決して手を抜きませんでした。

しかし、六十歳近くなってくると、さすがの皖一も体の疲れを感じるようになりました。会議の途中、疲れてしまって頭がボーッとしてしまうこともありました。耳鳴りがして困ったこともありました。けれども、ゆっくり休んでいることはできませんでした。知らず知らずのうちに、少しずつ体のあちこちに調子の悪いところが出てきてしまったのです。

そんな中での昭和三十四年五月、藝大内で定年制の導入などに関しての意見の対立がありました。ある日、学長から呼ばれて楽理科の教授に対する意見を述べたところ、「学部長として不適任だから退いたらどうか」と言われます。そこで、詰め腹を切らされることになった皖一は、思い切って辞表を提出します。当日の日記は「陰謀か」との三文字で終わっています。

◯**島崎赤太郎（しまざき あかたろう）** 明治7年（1874）－昭和8年（1933）。作曲家。音楽教育者であり、オルガン奏者。

◯**グレゴール・ピアチゴルスキー（Gregor Piatigorsky）** 1903年－1976年。ウクライナに生まれ、アメリカ合衆国で活躍したチェロ奏者。

⑲ おじいこ

昭和二十一年（一九四六）、終戦の翌年四月一日から、昭和三十四年まで皖一は、一日も欠かさず日記を書き残しています。昭和二十年五月二十五日の空襲で家を焼かれてしまい、楽譜の類も焼失してしまいましたから、もしも空襲に遭わなければ昭和二十一年以前の日記やメモ類、楽譜なども、もっと残っていただろうにと残念です。

終戦の翌年といいますと、現在では想像もできないほどに日本中が貧しい時代でした。それを如実に物語るように、皖一の日記に使われた紙も大変ひどいものでした。カレンダーの裏を使ったり、お祝いにもらった熨斗袋の裏を使ったりして、その用紙に丁寧に線を引き、それを一カ月分として、細かい文字が連ねてあるのです。特に天候に関しては三百六十五日全て記録されています。これは皖一が農作物を作っていたことによるものと思われます。しかも、学校の授業などの合間にやる農作業ですから、天候の具合を見ながら限られた時間を使っていたことがわかります。

そんな皖一の家庭での生活の一端について、妻・伸枝が「家庭における夫を語る」というタイトルの原稿で次のように書いています。

「いつも忙しく仕事に追われて、夜遅くまで起きておりましても、朝はわりに早く起き出しまして……」

夜更かしをする皖一ですが、朝は早起きをして自分でご飯を炊くのが趣味だったようです。

「火がいい色でトロトロ燃えているのを見ながら、何か仕事の構想を練っているようです。うっかり話しかけたりいたしますと、黙っている時は考えごとをしているんだから、そのつもりでいるようにと申します。昨夜は遅かったからと、下手に気を利かせまして、先に起きて竈に火を焚きつけたりいたしますと苦情が出ますし、主人がまだ寝ております時に、私が早く起きまして手まわしよく部屋の掃除をいたしましょうと思いましても、安眠できないと申しますので、朝は一斉に起きることになります。夜、十二時一時頃まではお付き合いできますが、私は先に失礼してしまいます。夕べは何時までお仕事でしたか、と聞きますと、三時とか、たまには五時なんていうこともあります。それでも朝七時には起きてきますので、私にはとてもまねのできないことです」

こんなふうに朝食を済ませると、別な展開をみせることになっていきます。

「朝食の後、その日の新聞を二、三種類持ちまして、三、四十分くらい、御不浄におります。三十分間も御不浄にいるのは、さぞ辛いことであろうと同情いたしまして、御不浄を改造いたしました。正面は出窓にし出窓の両そでをガラスにして光線を入れ、出窓と掃き出し口の間に引き出しを左右に付け明るい机のある小部屋のようにしました。新聞閲覧所と申しております。

また、勝負事は嫌いです。学校から帰りま

すと、すぐ仕事にかかりますが、気分転換の必要な時は庭に出て草むしりをしたり……」と、このような記録から日本の近代音楽の理論的基礎をつくったといわれる皖一の家庭生活での一面が読み取れます。

そして皖一のみかん好きは有名でした。旅行をする時に決して忘れないで持ち歩いたのが、作曲ノートとみかんでした。ある時は鞄に二十個くらい入っていることもありました。そしてみんなにも勧め、自分でも美味しそうに食べるのでした。学生たちとみかん狩りの旅行をした時には両手の指先が黄色くなっているほどで、皖一は「体の中から黄色くなってしまったのだ」と笑っていました。

さらに、風呂の温度にもこだわりがあり、『歌ごよみ』に「顔のかたちが違うように風呂の適温というものも人によっていろいろであるらしい。（中略）自分に一番適する温度を測ってみると、夏は三十九度、冬は四十一、二度である。それくらいの温度の湯に首まで入って、うつらうつらと、心にうつりゆくよしなしごとを、そこはかとなく追っている時くらい幸福なことはない」と、徒然草の一節を引用しながら書いています。

皖一夫妻は子どもに恵まれませんでしたが、養子縁組をした忠敬ととし子家族とは、人が羨むほど仲睦まじく円満そのものでした。皖一には佐代子と希代子という二人の孫がいて殊のほか可愛がっており、「おじいこ」と呼ばれ、目の中に入れても痛くないという感じが日記や葉書に残されています。日記には、海へ出かけた時に長時間ずっとだっこして歩いて腕も体も疲れてしまったとか、お菓子やガムを買いにだっこしていったとか、皖一の

○**下總忠敬（しもおさ ただよし）** 東京大学電気工学部を卒業後、昭和37年に皖東電子株式会社を設立し社長となる。現在は川浦佐代子氏（下總皖一の孫娘）が代表取締役。

a

b

c

a：右から伸枝夫人、皖一本人、養子忠敬、養女とし子、前列は孫の佐代子、希代子
b：孫の佐代子と自宅前で
c：孫娘の佐代子（右）と希代子（左）。孫娘のために皖一は60歳で運転免許をとり、毎朝幼稚園に送り出した

腕の中で孫たちが眠ってしまったという記録が随所にみられ、旅行先からの葉書には

「まつやまから　ひこうきにのりました。ひこうきは十六にんのりで　四つのプロペラがついていました。せとないかいというみの上を　たくさんのしまをみおろしながら　二十五ふんで
ひろしま。すこしゆれておりたらきもちがわるくなりました。……」

と、当時四歳くらいだった妹の希代子にも読めるように、殆どひらがなで書いています。旅先でも大変忙しかったはずですが、そんな中でも少しの時間を見つけては、孫たちに語り掛けていたのです。

⑳『たなばたさま』に送られて

昭和三十四年（一九五九）六月に東京藝術大学音楽学部長を辞めた後も、皖一は教授として学生たちの指導にあたりました。

この頃になると、東京音楽学校や東京藝術大学、その他の学校で皖一から指導を受けた人たちが一流の作曲家や演奏家として、また各地の大学などで指導者として活躍するなど、日本の音楽を支える重要な人たちに育っていました。そうした人たちを通じて、皖一の質の高い音楽理論と上品で美しい音楽は、次の時代の若い人たちに伝えられました。

昭和三十七年七月七日、七夕祭りの日。どこの家でも笹竹に色とりどりの飾りを付け、短冊に願い事を書いて星のお祭りをしました。皖一が昭和十五年に作曲した『たなばたさま』を子どもたちは歌い、南の村々から北の町々まで、ラジオからもテレビからもこの歌が流れてきました。

ささの葉さらさら
軒ばにゆれる
お星さまきらきら
金銀すなご

東京の病院のベッドに横たわっていた皖一

の耳にも、この歌は聞こえてきました。病状が悪化して殆ど動くこともできなくなっていた皖一は、夢を見るように子どもの頃の光景を頭に浮かべていました。

利根川近くの砂原の辺りで、七夕の真菰でつくった馬を引きながら友達と走り回ったこと、笹竹に飾りを付けたことなどが思い出されました。思わず『たなばたさま』を口ずさみたくなりましたが、声を出すことさえできず、少しずつ思い出も薄れていきました。

いつの間にか、一面に野菊の花の咲く利根川の土手をどんどん歩いていくような感じになってきました。ふわっと体が軽くなるようでした。少し冷たい風が感じられ、はるか西の方の雲には薄紫色をした山々が墨絵のようにぼんやりと霞んで見えるようでした。

翌、七月八日、皖一は静かにその生涯を閉じました。六十四歳でした。

下總皖一は、その生涯を音楽一筋に生きた人でした。たくさんの美しい曲を生み出し、たくさんの音楽理論の本を著して、音楽の勉強をする人たちのために道を拓きました。加えて大勢の優れた音楽家を育てました。このようなことから皖一は、日本の近代音楽の基礎をつくった人であり、日本の音楽の歴史の流れの中で決して忘れてはならない重要な人物なのです。

下總皖一のつくった数々の美しい曲は、今日もどこかで歌われています。それは、皖一の曲が、人間の心のもつ優しさ、美しさ、清らかさに満ちているからです。

そして、それを歌う私たちの心も、いつの間にか和み、しみじみとした明るい幸せな感じに満たされるからです。

◯**真菰**　川や沼の周りに生える背の高い草。これでたなばたの馬を作った。

七月十三日、東京青山斎場で行われた葬儀に際して、友人を代表して詩人の勝承夫氏が次のような「弔辞」を読まれています。

黒い影が
あなたのうしろに長くひいている
みんなあなたの影を追いながら
いま口々に何か歌おうとしている

大きい長い影を
あなたは残してどこまでもいく
永劫の住み家を求めて
漂渺たる光を求めて
静かに瞑目して
あなたは唯ひとりとぼとぼといく
もう二度と振り返らない

あなたを呼ぶ声がここにあふれる
数々の業績を慕い
別れを惜しむ悲しい列が
いつまでもあなたのうしろにつづく

もうその手は握れない
その声はきけない
しかしみんなついていく
はてしない一筋の道
いまあなたの影を追いながら
口々に悲しい讃歌をくちずさむ

くちなしの終りの花は
きょう散りぬ夏草の
青きしとねに
みまかりし人のみ霊に
添うごとく白くしずかに

○勝承夫（かつ よしお） 明治35年（1902）ー昭和56年（1981）。東京市四谷区出身。詩人。元日本音楽著作権協会会長。元東洋大学理事長。

船上の下總皖一。日本音楽と西洋音楽の橋渡しとなった人生であった

★祖父・下總皖一の話★

孫娘の川浦佐代子が下總皖一について次のように話しています。

「祖父は写真の裏にいろいろと書くのが好きでしたので、今でもこれを読めば当時の記憶が蘇ってきます。アスタホールにあるピアノは、私たちも使っていたので記憶があります。祖父の部屋には、音楽の本だけでなく、宇宙や科学、医学などの本がたくさんありました。さまざまな分野に興味をもっていましたね。お弟子さんたちには厳しい人だったようですが、私たちにはとても優しい人でした。私が幼稚園に通う頃になって、六十歳を過ぎていた祖父が運転免許をとってワーゲンを購入し、毎朝幼稚園まで送ってくれました。休みの日には、私とよく遊んでくれました。優しいおじいちゃまでした」

下總皖一
ゆかりの地散策

JR宇都宮線と東武日光線が交差する栗橋駅から
西に10分ほど向かえば、かつての原道村があります。

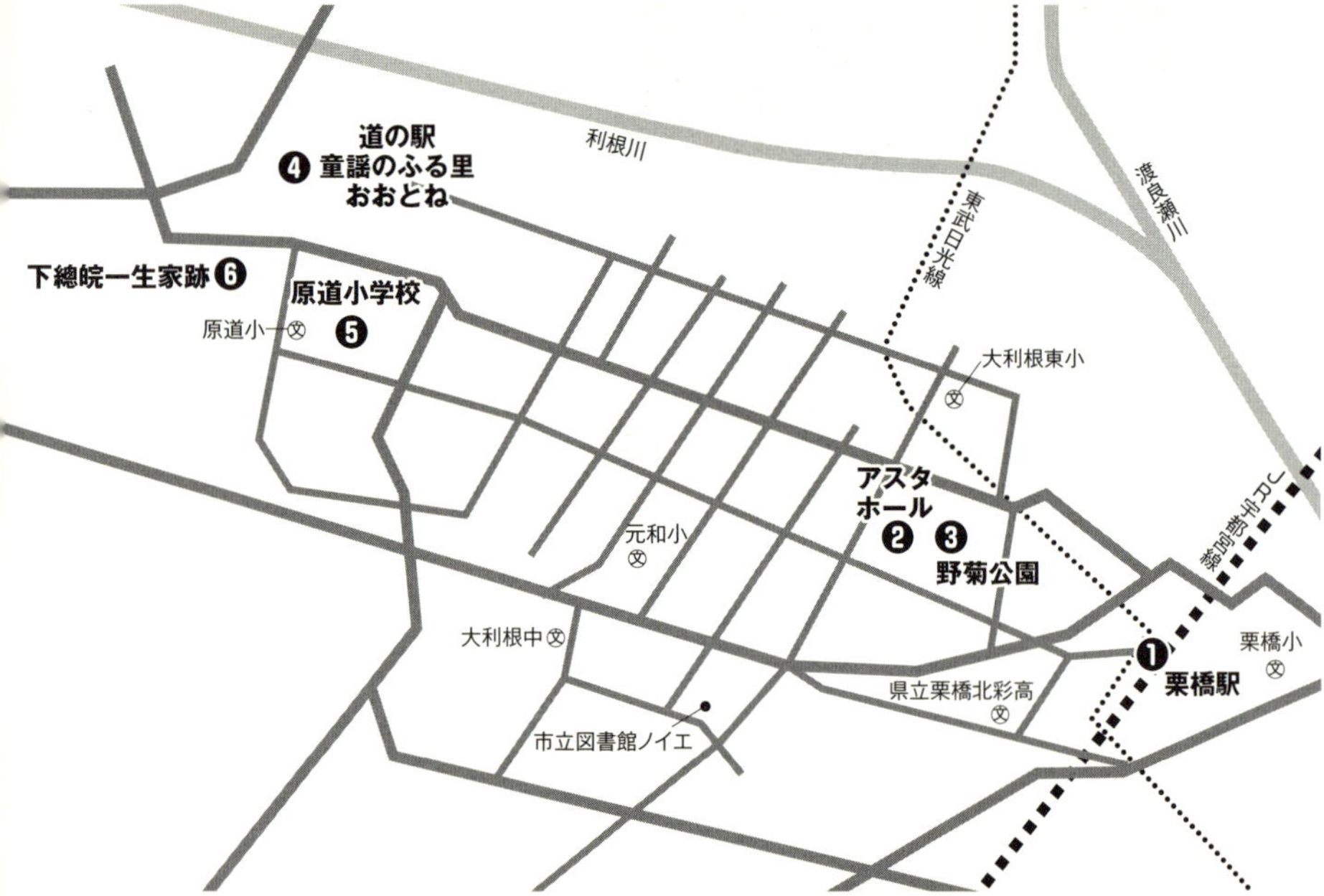

❷-1 アスタホール

加須市立大利根文化・学習センター「アスタホール」には、下總皖一資料展時コーナーを設置。野菊のアスターにもちなんでいる。

❶ 栗橋駅

童謡『たなばたさま』と『はなび』の楽譜が刻み込まれた駅前の道。

❸ 野菊公園

下總皖一が作曲した『野菊』の名がついた公園。楽譜『野菊』の歌碑（上）と銅像「奏でる」（下：中島睦雄作）が人々の心を癒やす。

❷-2 下總皖一資料展時コーナー

下總皖一に関する貴重な資料が展示されている。

❹ 道の駅 童謡のふる里おおとね

下總皖一の銅像（中島睦雄作）と『たなばたさま』の歌碑を見ることができる。

❺ 原道小学校

下總少年が通った小学校。下總皖一少年像（中島睦雄作）が毎朝子どもたちを出迎える。

❻ 下總皖一生家跡　現在は売却され面影を見ることはできないが、下總皖一の豊かな心を育んだ環境を垣間見ることができる。

◉下總皖一　略年表

西暦	元号	主要な出来事	参考
1898	明治31	3月31日　原道村砂原七五（現・加須市）に生まれる 父・吉之丞、母・ふさ、姉・かね、兄・好昌、弟・徳三郎	1904　日露戦争（〜1905）
1910	明治43	3月　原道村尋常小学校を卒業	
1912	明治45	3月　栗橋町栗橋尋常高等小学校高等科を卒業	1912　大正天皇即位
		4月　埼玉師範学校（現・埼玉大学）に入学	
1917	大正6	3月　埼玉師範学校本科一部を卒業	1914　第一次世界大戦（〜1918）
		4月　東京音楽学校師範科（現・東京藝術大学）に入学	
1920	大正9	3月　東京音楽学校を首席で卒業。記念奨学賞を受ける	
		4月　長岡女子師範学校へ赴任	
1921	大正10	1月　飯尾千代子と結婚	
		9月　秋田県立秋田高等女子校へ転任する。秋田県立師範学校付属小学校にても教鞭をとる。この地で新居を構える	1923　関東大震災
1924	大正13	9月　栃木師範学校へ転任。千代子夫人が病気がちのため伸枝と改名。下總も覺三改め皖一と名乗る。本格的な作曲に取り組む	1926　昭和天皇即位

1927	昭和2	4月　上京。牛込喜久井町に住居を移す。私立成城小学校に勤務	1929　世界恐慌
1932	昭和7	3月　文部省在外研究員として、作曲法研究のためにドイツに留学し、ベルリンの国立ホッホシューレに入学	1930　昭和恐慌（～1931） 1931　満州事変（～1932）
1934	昭和9	9月　ドイツで二年の留学生活を終えて神戸港に帰着。東京音楽学校講師となる。12月、助教授となる	1941　第二次世界大戦（～1945）
1940	昭和15	11月　文部省教科書編集委員となる	
1941	昭和16	9月　品川区大崎に転居	
1942	昭和17	4月　東京音楽学校教授となる	
1945	昭和20	5月　東京大空襲で楽譜など一切を焼失	1945　終戦
1955	昭和30	11月　文部省教科調査委員となる	
1956	昭和31	10月　東京藝術大学音楽学部長となる	1956　東京音楽学校から東京藝術大学へ改名する
1958	昭和33	1月　東京国立文化財研究所芸能部長となる 11月　文部省視学委員となる	
1959	昭和34	6月　東京藝術大学音楽学部長を辞任。教授として逝去まで同大学に在籍	
1962	昭和37	7月8日　胆石、肝臓がん、肝硬変の悪化で他界	

◉下總皖一　著作（刊行順）

『和声学』（昭和10年／共益商社）　『作曲法』（昭和13年／音楽之友社）
『日本音階の話』（昭和17年／管楽研究会）『音楽教育と和声学』（昭和17年／日本放送出版協会）
『作曲法』（昭和23年／音楽之友社）　『作曲法入門』（昭和23年／好楽社）
『楽典』（昭和23年／共益商社）　『楽典解説』（昭和25年／音楽之友社）
『標準和声学』（昭和25年／音楽之友社）　『和声学』（昭和25年）
『模範音楽通論』（昭和25年／全音楽譜出版社〈橋本国彦共著〉）
『音楽理論』（昭和26年／音楽之友社）　『対位法』（昭和26年／音楽之友社）
『作曲の手引』（昭和28年／音楽之友社〈ヒンデミット著・下總皖一訳〉）
『楽式論並びに楽典解剖』（昭和29年／音楽之友社）　随筆『歌ごよみ』（昭和29年／音楽之友社）
『音楽の辞典』（昭和29年／東雲堂）　『作曲への道』（昭和31年／音楽之友社）
『楽典新書』（昭和32年／音楽之友社）　『対位法新書』（昭和32年／音楽之友社）
『和声法新書』（昭和32年／音楽之友社）　『楽式論新書』（昭和33年／音楽之友社）
『二声部楽曲の練習書』（昭和33年／音楽之友社〈ヒンデミット著・志賀静男共訳〉）
『和声学』（昭和34年／全音楽譜出版社）　『日本音階と民謡の研究』（昭和35年／音楽之友社）
『作曲法新書』（昭和35年／音楽之友社）　『合唱編曲法』（昭和37年／音楽之友社）
『新曲と聴音練習』（全音楽譜出版社）
以上28冊のほかに『下總皖一混声合唱曲集全10巻』が音楽之友社から出版されている

◉下總皖一作曲　埼玉県内校歌（学校名は作曲当時のもの）

さいたま市　北足立郡土合中学校、埼玉師範付属小学校、埼玉師範女子部の歌、浦和市第五小学校、同第二小学校、同第四尋常高等小学校、県立浦和第二高等女子学校、浦和市原山中学校、同西高校、同大原中学校、同仲本小学校、同白幡中学校、埼玉大学付属小学校、浦和市立高等女学校、大宮女子高校、大宮市日進国民学校、同大成中学校、同三橋小学校、同三橋中学校、同南中学校、同日進中学校、同大和田中学校、同植水小学校、同指扇小学校、同桜木中学校、同東小学校、同片柳小学校、北足立郡与野町第二小学校、同与野農商学校、同与野国民学校、同与野町落合小学校、与野市与野中学校、同第三小学校、南埼玉郡河合国民学校、同岩槻実業学校、岩槻市和土小学校、同岩槻中学校、岩槻商業高校

川越市　川越市初雁中学校

熊谷市　大里郡石原町小学校、同奈良小学校、熊谷市立高等女学校、同東小学校、大里郡太田小学校

川口市　県立川口工業高校、川口市第二国民学校、同元郷中学校、同飯塚小学校、同芝中学校、同幸町小学校、北足立郡鳩ヶ谷小学校

行田市　北埼玉郡荒木国民学校、行田市長野中学校

秩父市　秩父郡秩父第二国民学校、秩父市南小学校、同原谷中学校、同花の木小学校、秩父郡秩父第一中学校、秩父郡荒川西小学校

飯能市　県立飯能高等女学校、飯能第一中学校、入間郡東吾野中学校、同原市場中学校、飯能市飯能高校

加須市　北埼玉郡大越小学校、同札羽村国民学校、同不動岡中学校、北埼玉郡原道尋常高等小学校、同東村小学校、大利根町東小学校、北埼玉郡利島尋常高等小学校、北川辺町西小学校

本庄市　児玉本庄国民学校、県立児玉高校
東松山市　東松山市唐子小学校、同野本小学校
春日部市　南埼玉郡春日部中学校
狭山市　入間郡柏原小学校、同入間川小学校
羽生市　北埼玉郡羽生小学校、同新郷国民学校、同手子林小学校、同手子林中学校、同三田ヶ谷中学校、同三田ヶ谷小学校、同須影小学校、同須影中学校、同千代田村村君小学校、同村君中学校、同井泉小学校、同井泉中学校、羽生市千代田中学校、県立羽生実業高校
鴻巣市　鴻巣南小学校
深谷市　深谷女子高校、大里郡藤沢小学校、同豊里中学校、深谷市桜ヶ丘小学校、同西小学校、同第一高校
上尾市　北足立郡上尾中学校
草加市　北足立郡草加国民学校、同谷塚町谷塚小学校、草加町草加小学校、草加市高砂小学校
越谷市　南埼玉郡蒲生尋常高等小学校、同蒲生中学校、同越谷尋常高等小学校
蕨　市　蕨中学校、蕨中央小学校、蕨町南小学校、同蕨第二中学校、蕨市蕨北小学校、同東小学校、県立蕨高校
戸田市　戸田町戸田第二小学校
和光市　北足立郡大和中学校
久喜市　久喜市久喜中学校、県立久喜高校、菖蒲町菖蒲中学校、南埼玉郡柏崎小学校、北葛飾郡栗橋尋常高等小学校、同豊田村小学校
北本市　北本宿村中丸小学校
坂戸市　入間郡坂戸町住吉中学校

幸手市　北葛飾郡幸手中学校、幸手実業高校、幸手商業高校
日高市　入間郡高麗川中学校
吉川市　北葛飾郡三輪野江国民学校、同三輪野江中学校
ふじみ野市　入間郡福岡町第一小学校、同福岡町第二小学校
伊奈町　北足立郡伊奈中学校
嵐山町　比企郡七郷中学校
小川町　比企郡小川中学校、同八和田中学校
川島町　比企郡川島村中山小学校
小鹿野町　秩父郡小鹿野尋常高等小学校
上里町　児玉郡長幡中学校、同上里村七本木中学校
寄居町　大里郡寄居国民学校
宮代町　宮代町須賀小学校
杉戸町　北葛飾郡杉戸中学校、県立杉戸高等家政女学校

◉市歌・村歌・社歌・その他

埼玉歌、安行村歌、秩父郡西部連合競技会の歌、川口産業報国会々歌、川口産業音頭、浦和造機隊の歌、須影青年団歌、北足立郡蕨町青年団歌、新郷村青年団歌、埼玉青年の歌、大宮市歌、高麗川中学校応援歌、東松山ヂーゼル機器社歌、秩父市歌

おわりに

下總皖一を顕彰する活動として「下總皖一を偲ぶ会」を発足したのが昭和六十二年（一九八七）ですから、今年で三十一年目に入りました。下總皖一は、日本の近代音楽の発展に大きな役割を果たした人物でしたが、当時は地元の旧大利根町民でさえ殆どの人が知らなかったのです。

顕彰のきっかけは埼玉会館と埼玉会館友の会が中心となって、埼玉が生んだ傑出した音楽家・下總皖一を記念する「下總皖一音楽賞」の制定に動き出したことでした。そして、「下總皖一を偲ぶ会」が発足し、大利根町も熱心に施策に取り組み、その後、東京の先生のご遺族から、先生に関するたくさんの資料が町に送られてきました。この資料の整理に約七年、大変な分類作業を続け、努力の結果『下總皖一遺品目録』が完成しました。

そうしたなかで、町当局から、先生が遺された資料を調べるようにと仰せつかったのでした。

資料に目を通してみると、さまざまな事がわかってきて興味津々でした。日記や楽譜を調べていただけでなく、先生の関係者にお会いして貴重なお話をお聞きしたものでした。

今回、さきたま出版会の星野和央会長より刊行を依頼され、これまでに私が綴ってきた『野菊のように　下總晥一の生涯』（平成十一年、大利根町刊）や『利根のほとりに　エピソード　下總晥一』（平成十二年、大利根町刊）などを再編集していただいた香田寛美氏、下總先生の生前について取材をさせていただいた鎌田弘子氏、写真を提供していただいた川浦（下總）佐代子氏をはじめ、多くの方々のご協力を得て本書をまとめることができました。関係者の皆さまには心より感謝申し上げます。

本書が、多くの皆さまに下總晥一について知っていただく機会になりますよう祈念するとともに、下總晥一が育った〝童謡のふるさとおおとね〟へお越しいただければ幸いです。

平成三十年十一月吉日

下總晥一を偲ぶ会 会長　中島 睦雄

引用・参考文献（刊行順）

『下總皖一日記』　昭和二十一年〜昭和三十四年
『歌ごよみ』　下總皖一著（昭和二十九年／音楽之友社）
『音楽研究』　共益商社書店
『啓明』　啓明社
『音楽世界』　音楽世界社
『音楽の友』　音楽之友社
『美の探求』（不明）
『教育に光を掲げた人びとⅡ』（昭和五十九年／栃木県連合教育会）
『下總皖一生誕九〇年誌』（昭和六十三年／埼玉会館友の会下總皖一音楽賞事務局）
『野菊のように　下總皖一の生涯』（平成十一年／加須市〈旧・大利根町〉）
『利根のほとりに　エピソード　下總皖一』（平成十二年／加須市〈旧・大利根町〉）
『空の向こうに愛がある』（平成十二年／下總皖一を偲ぶ会）
『利根のほとりにⅡ　エピソード　下總皖一』（平成十六年／加須市〈旧・大利根町〉）
『利根のほとりにⅢ　エピソード　下總皖一』（平成二十一年／加須市〈旧・大利根町〉）
『下總皖一資料室資料』　加須市
その他

著者略歴

中島 睦雄（なかじま むつお）

1936年（昭和11）年　埼玉県加須市（旧・北埼玉郡元和村）琴寄に生まれる。地元の小中学校を経て、埼玉県立不動岡高等学校、東京学芸大学を卒業。その後、地元の公立中学校、埼玉県立不動岡高等学校、埼玉県立不動岡誠和高等学校に勤務し、それぞれ美術を担当。

《美術関係》

埼玉県美術展覧会で「特選　埼玉県教育委員会賞」などを受賞。創型会展で「文部大臣賞」「創型会賞」「同人優秀賞」などを受賞。

《役職》

埼玉県北美術家協会会長、「下總皖一を偲ぶ会」会長など。

もっと知りたい埼玉のひと

下總《しもおさ》 皖一《かんいち》 「野菊《のぎく》」「たなばたさま」などの作曲家《さっきょくか》

2018年12月20日　初版第１刷発行

著　　者　中島 睦雄

発 行 所　株式会社さきたま出版会
〒336-0022　さいたま市南区白幡3-6-10
電話 048（711）8041　振替 00150-9-40787

印刷・製本　関東図書株式会社

編集・本文レイアウト　香田寛美、河口由紀子

ISBN 978-4-87891-454-6 C1323 ¥1200E

もっと知りたい埼玉のひと

A5判　96頁　定価（本体1200円＋税）

【好評の既刊！】

尾高 惇忠■富岡製糸場の初代場長
「至誠如神」を掲げ、誠意を尽くした人物伝
荻野 勝正 著

北沢 楽天■日本で初めての漫画家
漫画を職業とし、ゆかりの地に漫画会館誕生
北沢楽天顕彰会 編著

下總 皖一■「野菊」「たなばたさま」などの作曲家
童謡・唱歌・校歌・合唱曲など約三千曲。音楽家
中島 陸雄 著

本多 靜六■緑豊かな社会づくりのパイオニア
明治神宮・日比谷公園・埼玉県有林などに貢献
遠山 益 著

【これからの予定】

塙 保己一……【近世】国学者。『郡書類従』の編集

荻野 吟子……【近代】日本の女医第一号

渋沢 栄一……【近代】日本近代経済の父

清水 卯三郎……【近代】出版・貿易商。万博開催に貢献

さきたまから武蔵国へ、
そして埼玉県に。
かつて祭政一致の都から
遠く隔つ地域であったが、
やがて鎌倉や江戸の
ほどほどの処となり、
いまや首都圏の一郭を占める。
この距離感が物語る、
わが風土は
どのような人びとを
排出したのだろうか。
人と土壌と時代に
光をあてて描く
ユニークな埼玉人物論。